btb

Buch

Die griechischen und römischen Götter, das weiß jedes Kind, liebten es deftig: da wurde gemeuchelt und gemordet, geliebt und gehaßt, Komplotte geschmiedet und intrigiert. Aber es gab auch gnädige Götter, solche, die den Menschen wohlgesonnen waren. Doch die meisten Götter besaßen beide Seiten, verkörperten sowohl das Gute als auch das Schlechte, Furchterregende. Und jeder dieser Götter hatte seine Geschichte, die ihn nur allzuoft sehr menschlich, fast allzu menschlich erscheinen ließ.
Luciano De Crescenzo, der »lachende Philosoph aus Neapel«, hat sich dieser Geschichten angenommen und sie auf seine unnachahmliche Weise neu erzählt. Und alle kommen darin vor: Prometheus und Ares, Aphrodite und Apollo, Athene und Dionysos. Dazu natürlich der Übervater Zeus. Von dem gibt es ganz besonders viel zu erzählen. Und selbstverständlich darf der Leser erwarten, daß ihm De Crescenzo nicht nur die mehr oder weniger bekannten Geschichten neu serviert, sondern daß er in seiner typischen, höchst kurzweiligen Art auch den Bogen schlägt von der Antike zum modernen (italienischen) Alltag. Und augenzwinkernd uns allen ein bißchen den Spiegel vorhält.

Autor

Luciano De Crescenzo, geboren in Neapel, arbeitete als Ingenieur bei IBM, bis der überwältigende Erfolg von »Also sprach Bellavista« sein Leben radikal veränderte. Mittlerweile ist er in seiner Heimat eine Institution.

Im Knaus Verlag bereits erschienen

»Helena, amore mio«, »Im Bauch der Kuh«, »Meine Traviata«, »Alles fließt, sagt Heraklit«, »Die Kunst der Unordnung«. Die beiden ersten Bücher sind auch als Goldmann-Taschenbücher lieferbar.

Bei btb bereits erschienen

»Lob des Zweifels«, »Meine Traviata«, »Alles fließt, sagt Heraklit«, sowie »Von der Macht der Liebe«.

Luciano De Crescenzo

Kinder des Olymp
Antike Göttermythen
neu erzählt

Deutsch von Bruno Genzler

btb

Die italienische Originalausgabe erschien 1993 unter dem
Titel »I Miti degli Dei«
bei Arnoldo Mondadori Editore, Mailand

Umwelthinweis:
Alle bedruckten Materialien dieses Taschenbuches
sind chlorfrei und umweltschonend.

btb Taschenbücher erscheinen im Goldmann Verlag,
einem Unternehmen der Verlagsgruppe Bertelsmann.

1. Auflage
Deutsche Erstveröffentlichung Juni 1998
Copyright © 1993 by Luciano De Crescenzo
First published by Arnoldo Mondadori Editore, Milano, 1993
Copyright © der deutschsprachigen Ausgabe 1998
bei Wilhelm Goldmann Verlag GmbH, München
Umschlaggestaltung: Design Team München
Satz: IBV Satz- und Datentechnik GmbH, Berlin
CV · Herstellung: Augustin Wiesbeck
Made in Germany
ISBN 3-442-72150-4

INHALT

I Kosmogonien 7
  Der pelasgische Schöpfungsmythos 8
  Der orphische Schöpfungsmythos 10
  Der olympische Schöpfungsmythos 12

II Der Krieg der Giganten 19
  Herakles gegen Alkyoneus 25
  Porphyrion und Hera 26
  Ephialtes gegen Ares und Apollon 27
  Weitere Zweikämpfe 27
  Zeus gegen Typhoeus 28

III Prometheus 34

IV Die Sintflut 46
  Lycaon und seine fünfzig Kinder 48

V Zeus und Hera 54

VI	Hades	62
VII	Aphrodite	73
VIII	Apollon	82
	Python	83
	Marsyas	84
	Thamyris	86
	Die Kyklopen	87
	Daphne	89
IX	Ares	93
X	Artemis	98
XI	Athene	104
XII	Demeter	109
XIII	Dionysos	115
XIV	Hephaistos	123
XV	Hermes	132
XVI	Hestia	137
XVII	Pan	141
XVIII	Poseidon	147
	Literaturverzeichnis	152

I

Kosmogonien

Keine Religion der Welt ist ohne ihre Kosmogonie denkbar, das heißt, ohne ihre genaue Vorstellung davon, wie diese Welt entstanden ist (aus *kosmos* = »Welt« und *genesis* = »Entstehungsprozeß«). Ob Apachen oder Wikinger, Mongolen oder Massai, es hat sich noch jedes Volk mit einer eigenen Theorie zu diesem Thema zu Wort gemeldet. Dabei stimmen alle nur in einem einzigen Punkt überein, daß nämlich im Anfang ein riesiges Durcheinander, das Chaos, herrschte. Für den Rest reicht die Bandbreite von Jahwe, dem alleinigen, rachsüchtigen Gott der Juden, bis zu den rund hunderttausend indischen Gottheiten. In dieser mehr als umfangreichen Kollektion geben die Griechen sicher keine schlechte Figur ab. Ganz im Gegenteil. Sie haben nämlich selbst mindestens drei verschiedene Kosmogonien erfunden: die pelasgische, die orphische und die olympische Kosmogonie.

Der pelasgische Schöpfungsmythos

Eurynome, die Tänzerin, entstieg nackt dem Chaos. Sie hatte eine unbändige Lust zu tanzen, doch fehlte ihr eine Oberfläche, auf der sie die Füße hätte aufsetzen können. Aus diesem Grund teilte sie den Himmel vom Meer und begann, sich auf dem Kamm der Wellen hin und her zu drehen. Und wie sie so tanzte, sich drehte und drehte, immer schneller, immer schneller, entstand eine Art Windhose, nämlich Boreas, der Nordwind. Verwundert und mißtrauisch betrachtete Eurynome diesen Sturm, der da um ihren Körper herum wirbelte. Dann faßte sie sich ein Herz, packte ihn mit beiden Händen und wrang ihn kräftig aus, wodurch sie ihn in eine Schlange verwandelte, der sie den Namen Ophion gab. Hätte sie das doch bloß nicht getan! Nachdem Ophion so Gestalt angenommen hatte, nutzte er die Situation skrupellos aus, umklammerte Eurynome und vergewaltigte sie auf der Stelle.

Diese antike Vorstellung, daß der Wind (oder eine andere Naturerscheinung) sich mit einer Frau paaren und sie befruchten könne, ist sicher aus dem Bedürfnis heraus entstanden, jungen Frauen, die sich einen sichtbaren Fehltritt geleistet hatten, eine Entschuldigung zu liefern. Es können damit aber auch die seltsamsten »Paarungen« gerechtfertigt werden. So beschreibt Homer im zwanzigsten Gesang der *Ilias* Boreas als einen Wind, der Stuten befruchtet, ohne daß die sich dagegen wehren könnten.

Stuten weideten ihm drei Tausende rings in den Auen,
Säugende, üppigen Mutes, von hüpfenden Füllen begleitet.
Boreas selbst, von den Reizen entbrannt der weidenden Stuten,
Gattete sich, in ein Roß mit dunkeler Mähne gehüllet;
Und zwölf mutige Füllen gebaren sie seiner Befruchtung.
Diese, sooft sie sprangen auf nahrungssprossender Erde,
Über die Spitzen des Halms hinflogen sie, ohn' ihn zu knicken;
Aber sooft sie sprangen auf weitem Rücken des Meeres,
Liefen sie über die Wogen, nur kaum die Hufe benetzend.
(Homer, *Ilias*, XX, 221–229)

Ob nun mit oder ohne ihr Einverständnis, jedenfalls gebar die Tänzerin Eurynome das Ur-Ei, das sie dann dem Chaos in den Schoß legte. Als pflichtbewußter Vater wickelte sich die Schlange Ophion sieben

Mal um dieses Ei und verharrte so lange reglos in dieser Lage, bis dem Ei alle Wunder der Schöpfung entschlüpft waren: Sonne und Mond, Sterne und Planeten, die Erde, Berge, Flüsse, Bäume, Blumen und vieles, vieles mehr.

Danach zogen die Tänzerin und ihr Gatte, die Schlange, auf den Berg Olymp, wo sie aller Wahrscheinlichkeit nach glücklich bis in alle Ewigkeit hätten leben können, wenn sie sich nicht eines Abends heftig in die Haare geraten wären. Dabei ging es um eine Grundsatzfrage: Wer von beiden war der Schöpfer des Universums? Er oder sie? Ophion bestand hartnäckig darauf, der alleinige Urheber der Schöpfung zu sein, was Eurynome nicht unwidersprochen hinnehmen wollte. Sie rächte sich für seine Dreistigkeit, indem sie ihm einen gezielten Tritt ins Maul verpaßte. Der armen Schlange fielen daraufhin alle Zähne aus, die sich bei der Berührung mit der Erde in Menschen verwandelten. Und der erste aus dieser Brut war Pelasgos.

Der orphische Schöpfungsmythos

Eine andere Erzählung vom Anfang der Dinge ist der orphische Schöpfungsmythos, so genannt, da er besonders von Anhängern und Verehrern des Sängers Orpheus bewahrt und weitererzählt wurde. Vom pelasgischen unterscheidet er sich aber nur geringfügig: Eurynomes Platz nimmt hier die »Schwarzgeflügelte Nacht« ein, den von Ophion ein anderer, nicht näher beschriebener, aber ebenso gewalttätiger Wind. Doch als eigentlicher Schöpfer des Universums gilt nun der Geschlechtstrieb: Befruchtet vom Wind, legte die Urnacht ein silbernes Ei in den Riesenschoß der Dunkelheit, und aus dem Ei trat ein Gott hervor, Eros, auch Phanes genannt.

Er hatte goldene Flügel und vier Köpfe, einen Löwen-, einen Kuh-, einen Schlangen- und einen Widderkopf, die entsprechend brüllten, muhten, zischten und blökten.

Nicht so ganz klar wird bei diesem Schöpfungsmythos, ob sich die »Schwarzgeflügelte Nacht« bloß mit dem Wind einläßt oder auch mit Eros, dem aus dem silbernen Ei geschlüpften Gott mit den goldenen Flügeln. Sicher wissen wir nur, daß die beiden, Eros und die Nacht, in einer riesigen Höhle glücklich und zufrieden zusammenlebten, bis sie eines Tages von Uranos aus dem Weg geräumt wurden.

Es fällt auf, daß sowohl in der pelasgischen als auch in der orphischen Schöpfungsgeschichte zunächst die Frauen das Sagen haben. Und man fragt sich unwillkürlich, leicht irritiert, ob es tatsächlich einmal eine Zeit gab, in der das Matriarchat herrschte.

Wie viele Wissenschaftler gezeigt haben, kann die Antwort nur »Ja« lauten. Nicht allein in Griechenland, sondern im gesamten Europa der Jungsteinzeit basierten die Religionen überwiegend auf dem Kult der »Mutter Erde«. Der König, oder besser der Prinzgemahl, hatte nur eine einzige Aufgabe: als Samenspender zu fungieren. Danach konnte er im Verlauf einer rituellen Handlung problemlos geopfert werden, da in der dynastischen Erbfolge ausschließlich die weibliche Linie Berücksichtigung fand, die Herrschaft also von der Königin an ihre älteste Tochter weitergegeben wurde. Erst mit Uranos, dem ersten Gott des olympischen Mythos', geht das Zepter an einen Mann über.

Der olympische Schöpfungsmythos

Auch in der olympischen Schöpfungsgeschichte wird die Mutter Erde aus dem Chaos geboren. Im Schlaf gebiert sie den Sohn Uranos, den Himmel also.

Eines Tages saß Uranos auf dem Gipfel eines hohen Berges und ließ seinen Blick über die Mutter Erde schweifen, ein verliebter Blick, in dem aber nur wenig von Kindesliebe lag. Die Schönheit dessen, was er vor sich sah, ging ihm so nahe, daß ihm die Tränen kamen, und zwar in Form von fruchtbarem Regen, wodurch die Flüsse und Meere, die Blumen und Bäume, die Tiere, Fische und Vögel entstanden.

Uranos (der Himmel) war der erste Beherrscher der ganzen Welt. Nach seiner Vermählung mit Gaia (der Erde) zeugte er zuerst die Hekatoncheiren (Hunderthände) Briareos, Gyes und Kottos, ungeheuer große und starke Riesen, je mit hundert Händen und fünfzig Köpfen.
Nach diesen gebar ihm Gaia die Kyklopen: Arges, Steropes und Brontes, von welchen jeder nur ein Auge mitten auf der Stirn hatte. Diese letzteren fesselte Uranos und warf sie in den Tartaros, einen finsteren Ort im Hades (der Unterwelt), der ebensoweit von der Erde, als diese vom Himmel entfernt ist. Wiederum zeugte er mit Gaia Söhne, die sogenannten Titanen, Okeanos, Koios, Hyperion, Krios, Iapetos und den jüngsten von allen, Kronos; und Töchter, die sogenannten Titaniden: Tethys, Rhea, Themis, Phoibe, Mnemosyne, Theia.
(vgl. Apollodor, *Mythologische Bibliothek*, I, 1–3)

Mutter Erde war natürlich wenig erfreut zu sehen, daß die Kinder, die sie zusammen mit Uranos hatte, alle unausweichlich in den Tiefen des Tartaros landen sollten. »Das ist doch unerhört«, sagte sie sich, »ich nehme diese furchtbare (gigantische, zyklopische, titanische – hätte sie auch sagen können) Anstrengung auf mich, um Kinder von solchem Format zu gebären, und was macht dieser Schuft? Schleudert sie einfach in den Tartaros, dieses feuchte Loch ohne Luft und Sonne, in dem ein schwerer Amboß neun Tage und neun Nächte fallen muß, bevor er auf dem Boden aufschlägt!«

Das kann sich die Erdenmutter natürlich nicht gefallen lassen, und so überlegt sie sich einen Plan, um es ihrem Gatten heimzuzahlen: Sie fertigt eine kleine Sichel, gibt sie ihrem Jüngsten, Kronos (der »Zeit«), und trägt ihm auf: »Sobald du siehst, daß sich dein Vater nackt meinem Bett nähert, um mit mir zu schlafen, kastrierst du ihn mit dieser Sichel und wirfst sein Glied ins Meer.«

Und er...

... der verschlagene Kronos, das schrecklichste ihrer Kinder, es haßte den blühenden Vater...
(vgl. Hesiod, *Theogonie*, I, 137)

... tat, wie ihm geheißen, und entmannte seinen Vater. Wie so oft steckt auch in diesem Mythos eine Allegorie: Sie besagt, daß es auf der Welt keine noch so despotische und absolute Macht geben kann, die nicht früher oder später von der »Zeit« hinweggerafft würde.

Aus den Blutstropfen des Uranos wurden die Erinnyen und die Meliai geboren. Erstere (Alekto, Tisiphone und Megaira) spezialisierten sich darauf, Vater- und sonstige Mörder mit Gewissensbissen zu peinigen. Zeigte der Sünder dann Reue, verwandelten sie sich augenblicklich in sanfte Mädchen, die Eumeniden genannt wurden. Letztere, die Meliai also, hießen auch Eschennymphen, weil sie die Lanzen, mit denen sie ihre Feinde töteten, aus Eschenholz fertigten.

Aus dem Glied des gestürzten Tyrannen aber wuchs Aphrodite, die Göttin der Liebe, das heißt aus dem weißen Schaum (*aphros*), der sich im Meer um die unsterbliche Haut bildete. Die Ermordung des Vaters durch den Sohn taucht in der einen oder anderen Form in praktisch allen Schöpfungsmythen auf. Bei den Churritern, einem Volk, das im zweiten Jahrtausend v. Chr. das nördliche Assyrien besiedelte, war es zum Beispiel Kumarbi, der seinem Vater Anu die Genitalien abbeißt und den Samen ausspuckt, aus dem dann die Göttin der Schönheit geboren wird. Die Namen ändern sich, doch die Grundaussage bleibt gleich: Von der Entmannung des Uranos bis zu den kürzlich in Italien bekanntgewordenen Fällen von Vatermord geht es immer um dieselbe Botschaft: »Liebe Eltern, wenn ihr euren Kindern nicht hundertprozentig trauen könnt, schließt nachts lieber eure Schlafzimmertür ab.«

Bevor wir auf die Taten der Nachkommen des Uranos zu sprechen kommen, werfen wir schnell noch einen Blick auf die fünf Zeitalter des Menschen, wie Hesiod sie uns in seinen *Werken und Tagen* darstellt.

1. Das goldene Zeitalter
Golden war das Geschlecht der sterblichen Menschen zunächst, das die unsterblichen Bewohner des Himmels erschufen. Jene lebten, als Kronos im Himmel herrschte als König, und sie lebten dahin wie Götter frohen Herzens und ohne Betrübnis, fern von Mühen und Leid; auch kein schlimmes Alter kannten sie, und immer regten sich kraftvoll Hände und Füße, freuten sie sich an Gelagen, und ledig jeglichen Übels starben sie ohne Furcht, übermannt von friedlichem Schlafe.
(vgl. Hesiod, *Werke und Tage*, 106–116)

2. Das silberne Zeitalter
Nun ein zweites Geschlecht, ein weit geringeres, schufen die ewigen Götter, die hoch den Himmel bewohnen, weder an Wuchs dem goldnen vergleichbar noch an Gesinnung. Diese Menschen verehrten die Götter nicht und brachten auch keine Opfer den Seligen, und darum verbannte Zeus nun, voll des Zorns, eines Tages sie von der Erde.
(vgl. ebda., 127–142)

3. Das bronzene Zeitalter
Nun ein anderes, drittes Geschlecht schuf Zeus aus Bronze, in nichts dem silbernen ähnlich. Diese betrieben, wild und fürchterlich, das Jammergeschäft des Ares. Ihr Herz war löwenmutig und steinern, gewal-

tig ihre Stärke, unnahbar hingen aus ihren Schultern die Hände an riesigen Gliedern. All ihre Waffen waren aus Bronze und aus Bronze die Häuser.
(vgl. ebda., 143–155)

4. Das Zeitalter der Helden
Aber nachdem auch dies Geschlecht in der Erde geborgen, schuf noch ein weiteres Zeus, der Kronide, und dieses Geschlecht war gerechter und besser, ein göttliches Geschlecht von Helden, und man nannte Halbgötter sie. Aber der schlimme Krieg und das arge Gewimmel der Feldschlacht zerstörte sie, beim siebentorigen Theben die einen, die anderen vor den Mauern Trojas der lockigen Helena wegen. Zeus, der Kronide, aber läßt sie nun hausen mit glücklichem Herzen auf den Inseln der Seligen und bei des Okeanos' Strudeln. Hochbeglückt leben sie dort mit süßen Früchten und Honig.
(vgl. ebda., 156–173)

5. Das eherne Zeitalter
Wäre ich doch nicht selbst ein Zeitgenosse der Männer dieses fünften Geschlechts und stürbe zuvor oder wäre später geboren! Jetzt ist nicht der Vater dem Kind, das Kind dem Vater gewogen, nicht dem Wirte der Gast, Gefährte nicht dem Gefährten. Bald versagen sie selbst den greisen Eltern die Ehrfurcht. Denn jetzt ist das Geschlecht ein eisernes. O die Verderb-

ten, die nichts wissen von Götteraufsicht. Keiner wird geschätzt, der wahr geschworen, und keiner, der gerecht und gut. Den Übeltäter, den Frevler ehrt man weit höher, es herrscht das Recht der Fäuste und keine Ehrfurcht und Scham!
(vgl. ebda., 174–193)

II

Der Krieg mit den Giganten

»Wie du mir, so ich dir« – daran dachte wohl Kronos, und so fühlte er sich, nachdem, was er mit seinem Vater angestellt hatte, vor seinen eigenen Kindern nicht besonders sicher. Weswegen er sie auch, um unerfreulichen Überraschungen vorzubeugen, nach und nach, wie seine Gattin Rhea sie ihm gebar, verspeiste. Die erste, die im Schlund des »verschlagenen« Kronos landete, war Hestia. Ihr folgten der Reihe nach Demeter, Hera, Hades und Poseidon. Daß Rhea, die Mutter, davon nicht begeistert war, können wir uns leicht vorstellen: Nach neun Monaten Schwangerschaft muß sie jedesmal wieder mitansehen, wie sich der Oberschurke Kronos ihren Säugling wie eine Olive in den Mund steckt und verschluckt. Da wäre jede Mutter der Welt irgendwann sauer geworden.

Rhea, hierüber aufgebracht, begab sich, als sie mit Zeus schwanger ging, nach Kreta. Hier gebar sie in

der Diktäischen Höhle den Zeus und übergab ihn zur Erziehung den Kureten und Nymphen, Adrasteia und Ide.
(vgl. Apollodor, *Mythologische Bibliothek*, I, 5)

Was war geschehen? Rhea hatte eines Tages, als ihr Gatte halb betrunken war, die günstige Gelegenheit genutzt und ihm anstelle des kleinen Zeus einen in schneeweiße Windeln gewickelten Stein von der Größe eines Babys serviert. »Hier, mein Gebieter«, sagte sie zu ihm, »das ist dein Jüngster!«

Und er, Kronos, griff, ohne mit der Wimper zu zucken, zu und spülte den Bissen gleich darauf mit einem halben Liter Wein hinunter.

Wickelte dann einen riesigen Stein in die Windeln und brachte ihn dem Uranossohn, dem früheren König der Götter. Der aber packte ihn gleich und schlang ihn gierig hinunter, bedachte jedoch nicht, daß ihn bald dieser Sohn mit der Kraft seiner Hände bezwingen, vom Thron stoßen und selbst in Ewigkeit über die unsterblichen Götter herrschen würde.
(vgl. Hesiod, *Theogonie*, 485 ff.)

Der kleine Zeus verbrachte seine ersten Lebensjahre auf Kreta, versteckt in einer tiefen Höhle des Berges Ida. Er war ein schwieriges Kind, das mehr weinte und schrie als jedes andere bis dahin bekannte Baby auf der Welt. Um sein Geschrei zu übertönen und zu verhindern, daß Kronos auf ihn aufmerksam wurde, veranstalteten die Kureten, Rhea treu ergebene Soldaten, Scheingefechte untereinander, indem sie mit gewaltigem Lärm ihre Schwerter gegen die Bronzeschilde schlugen.

Um die Erziehung des künftigen Königs des Olymps kümmerten sich zwei Nymphen, Ide und Adrasteia, sowie eine Ziege namens Amalthea.

Die Nymphen ernährten das Kind mit einer Mischung von Honig und Milch und ließen es an dem Euter der Ziege Amalthea trinken. Noch gegenwärtig sind viele Spuren von der Geburt und der Aufzucht des Gottes auf der Insel Kreta vorhanden. Und man erzählt sich, daß Zeus, um ein unvergängliches Zeichen seiner Zuneigung zu den Bienen zu stiften, deren Farbe umwandelte, so daß sie wie goldgelbes Erz aussehen, und da der Ort außerordentlich hoch liegt und heftige Winde daselbst wehen und viel Schnee fällt, so machte er sie unempfindlich, so daß sie ohne Schaden in der winterlichen Welt leben können.
(vgl. Diodorus Siculus, *Historische Bibliothek*, V, 70)

Die Ziege Amalthea war jedoch dermaßen häßlich, daß Mutter Erde ihr auf den Rat der Titanen hin verboten hatte, sich irgendwo blicken zu lassen. So mußte sich die arme Ziege in einer tiefen Höhle im

Berg Ida versteckt halten. Auf der anderen Seite war sie aber sehr zartfühlend: Sie ließ Zeus an ihrem Euter trinken und kümmerte sich so rührend um ihn, wie man es noch nicht einmal von der leiblichen Mutter hätte erwarten können. Wenn es zum Beispiel in den rauhen Nächten des kretischen Winters besonders kalt war, blieb sie wach, um den kleinen Gott mit ihrem Atem zu wärmen. Als Zeus größer war, zeigte er Amalthea seine Dankbarkeit auf die ihm eigene Weise: Er brauchte eine neue Jacke, und da die Ziege das einzige greifbare Tier mit einem Fell war, kam er doch tatsächlich auf den Gedanken, seine Amme zu schlachten. Immerhin setzte er sie dann, wahrscheinlich um sein Gewissen zu beruhigen, mit einem eigenen Tierkreiszeichen, dem Steinbock, an den Himmel.

Danach begab er sich zum Olymp und heiratete dort seine Cousine Metis, eine übel beleumundete Göttin, die sich besonders durch ihre Heimtücke einen Namen gemacht hatte. Zusammen mit Rhea überzeugte Metis Kronos davon, daß er eigentlich einen Mundschenk nötig hätte und stellte ihm dann scheinheilig ihren neuen Gatten als erfahrenen Weinkellner vor. So hatte Zeus nun Zugang zu Kronos' Tafel, und das nutzte er dazu, diesem ein Brechmittel zu servieren. Apollodor erzählt uns Näheres darüber:

Als Zeus zum Mann herangewachsen war, wußte er die Metis, des Okeanos' Tochter, für seine Zwecke zu gewinnen, und diese gab dem Kronos ein Brechmittel in den Becher. Hiervon angegriffen, erbrach Kronos zuerst den Stein, dann die Kinder, welche er verschlungen hatte.
(vgl. Apollodor, *Mythologische Bibliothek*, I, 2 1)

Pausanias zufolge (X, 24 5) ist der berühmte Stein, den Kronos ausgespuckt hat, auch heute noch beim Orakel von Delphi zu sehen. Wer's bezweifelt, sollte hinfahren, um sich mit eigenen Augen davon zu überzeugen.

Mit der Entmachtung des Kronos war Zeus aber nun nicht automatisch der neue Herrscher auf dem Olymp. Es gab da nämlich eine ganze Reihe von Gottheiten und größeren oder kleineren Monstern, die ihre Ansprüche auf den Thron anmeldeten. In erster Linie die Titanen, dann die Hekatoncheiren, die mit den hundert Händen also, und schließlich an die zwei Dutzend Giganten. Da Zeus sich mit seinen Brüdern Poseidon und Hades verbündete, kam es zu einem regelrechten Krieg der Generationen, bei dem auf der einen Seite die Onkel, die Kinder des Uranos also, und auf der anderen Seite die frischen Truppen der Enkelkinder, die Geschwister des Zeus, standen.

Lange bekämpften sie sich und litten Mühe und Qualen, die titanischen Götter und die vom Stamme des Kronos. Wider einander stritten sie alle in schrecklichen Schlachten, hier von der Höhe des Othrys herab die erlauchten Titanen, dort von dem Grat des Olympos die Götter, die Spender des Guten. Unaufhörlich bekämpften sie sich zehn endlose Jahre. Dennoch hatte der quälende Streit nicht Ende noch Lösung.
(vgl. Hesiod, *Theogonie*, 629 ff.)

Wie so häufig gab schließlich eine List den Ausschlag und entschied über Sieg und Niederlage. Zeus gelang es, die Hekatoncheiren Briareos, Gyes und Kottos auf seine Seite zu ziehen, wozu es nicht mehr als einer Einladung zum Abendessen mit Nektar und Ambrosia bedurfte. Anscheinend hatten die drei Ungeheuer noch nie etwas so Leckeres zu sich nehmen dürfen. Jedenfalls ging auch bei ihnen die Liebe durch den Magen, und so hatten sie kein Problem damit, sich gegen die eigenen Geschwister zu stellen. Und da ein jeder von ihnen über hundert Hände verfügte, gingen jedesmal, wenn sie im Kampf Felsbrocken schleuderten, dreihundert Wurfgeschosse auf die Köpfe der armen Titanen nieder.

Zum zweiten Mal wurden die Titanen nun in den tiefen, tiefen Tartaros verfrachtet, dort angekettet und bis in alle Ewigkeit von den »Hundertarmigen« bewacht. Jetzt hatte Zeus nur noch die Giganten auszuschalten, jene vierundzwanzig finsteren Gesellen mit den gekräuselten Haaren, den langen Bärten und den Schlangenfüßen. Der sogenannte »Krieg der Giganten« war von einer Reihe erbitterter Zweikämpfe gekennzeichnet. Hier die wichtigsten:

Herakles gegen Alkyoneus

Die Titanin Hera, zweite Gattin des Zeus, hatte geweissagt, daß nur ein mit einem Löwenfell bekleideter Sterblicher die Giganten besiegen könne, und das auch nur nach dem Genuß eines magischen Krautes. Daher nahm sich Zeus die Zeit, in aller Ruhe nach diesem Kraut zu suchen, und als er es schließlich gefunden hatte, gab er es Herakles, dem Sterblichen im Löwenfell und Liebling der Götter, zu essen. Beim Zweikampf zwischen Herakles und Alkyoneus ging es hoch her. Dreimal gelang es dem griechischen Helden, seinen Gegner mit Keulenhieben zu Boden zu werfen, und dreimal rappelte sich Alkyoneus wieder auf, wobei er mit jedem Male stärker und blutrünstiger erschien als zuvor. Denn Gaia, die Mutter Erde, gab ihm seine Kräfte zurück, sobald er auf der Erde lag (im Fußball würde man von einem klaren Heimvorteil sprechen). Schließlich konnte Athene es nicht mehr länger mit ansehen: Sie machte Herakles auf das unfaire Spiel aufmerksam und gab ihm den Rat, seinen

Gegner mit einer List vom heimischen Boden wegzulocken und ihn dann mit einem vergifteten Pfeil zu töten. Was dem Held auch gelang. Die Kinder des Alkyoneus aber waren nach dem Tod ihres Vaters so verzweifelt, daß sie ihrem Leben ein Ende machten. Sie stürzten sich ins Meer, wo sie sich auf der Stelle in Seevögel verwandelten (die Eisvögel).

Porphyrion und Hera

Mittels einer Steinpyramide als Sprungbrett hüpfte der Gigant Porphyrion mit einem riesigen Satz bis in den Olymp, wo er sich sogleich auf Hera stürzte und sie zu würgen begann. Als der Göttin schon die Luft wegblieb, schoß Eros gerade noch rechtzeitig einen seiner berühmten Liebespfeile ab, der den Giganten mitten ins Herz traf.

Augenblicklich verwandelte sich sein Haß in Lust, und so ging der Gigant nun dazu über, Hera die Kleider vom Leibe zu reißen, um ihre Reize zu genießen. Doch er hatte die Rechnung ohne Zeus gemacht. Rasend vor Eifersucht schleuderte der einen Blitz auf den Giganten, der daraufhin seine Beute loslassen mußte. Und als er sich gerade auf Zeus stürzen wollte, traf ihn erneut ein Pfeil, diesmal von Herakles abgeschossen, und gab ihm den Rest.

Ephialtes gegen Ares und Apollon

Obwohl er als Kriegsgott eigentlich ein Experte war, schien Ares gegen Ephialtes den kürzeren zu ziehen. Der Gigant hatte ihn schon auf die Knie gezwungen, als ihm ein Pfeil des Apollon das linke Auge durchbohrte. Ephialtes heulte auf, stürzte sich wie ein verwundetes Tier auf Apollon und hatte ihn auch schon fast niedergerungen, als ein zweiter Pfeil, wiederum von Herakles, auch sein rechtes Auge durchbohrte – und ihn tötete.

Weitere Zweikämpfe

Die Aktionen des Herakles waren praktisch in allen Zweikämpfen ausschlaggebend für den Sieg, obwohl die Götter natürlich auch ihr Bestes gaben. Dionysos zum Beispiel warf Eurythos zu Boden, Hekate verbrannte Klytios mit einer Fackel, Hephaistos traf Mimas mit einem glühenden Eisen, und trotzdem war es immer Herakles, der als Retter auftauchte. Außer bei Athene, die mit einem einzigen Schlag den Giganten Enkelados so plattmachte, daß er zur Insel Sizilien wurde. Unter allen Duellen zwischen Göttern und Giganten war jedoch das von Zeus gegen Typhoeus das kriegsentscheidende.

Zeus gegen Typhoeus

Von »Gnade der Götter«, davon konnte für Gaia, die Mutter Erde, wirklich nicht die Rede sein. Mit Hilfe seiner Geschwister und dieser hundertarmigen Ungeheuer hatte dieser Schurke von Zeus ihre prachtvollen Kinder, die Titanen, vom ersten bis zum letzten ausgerottet.

Nun gab es niemanden mehr, der sich der Übermacht von Zeus hätte entgegenstellen können. Oder doch? Gaia wollte sich einfach nicht geschlagen geben und zog sich in eine Höhle in Kilikien zurück, um in Ruhe über den Stand der Dinge zu grübeln. Und während sie so nachdachte, massierte sie sich die Schläfen und brachte dabei ganz allein, ohne Mann, mit der bloßen Kraft ihrer Gedanken ein Monster zur Welt, das man sich monströser gar nicht vorstellen kann: Typhoeus.

Hören wir, wie die Experten Apollodor, Hesiod und Ovid das Ungeheuer beschreiben:

Als nun die Götter den Sieg über die Giganten erfochten hatten, gebar Gaia, noch heftiger erzürnt, in Kilikien den Typhoeus. Dieser, halb Mensch, halb Tier von Gestalt, übertraf alle bisherigen Kinder der Gaia an Größe und Stärke. Von oben herab bis an die Lenden war er eine Riesengestalt von menschlichem Aussehen, und zwar so unermeßlich groß, daß er alle

Berge überragte und sein Haupt öfters die Sterne berührte. Dabei hatte er Hände, die ausgestreckt vom Aufgang der Sonne bis zum Niedergang reichten. Sein ganzer Leib war gefiedert, struppiges Haar an Haupt und Kinn. Feuer erstrahlte seine Augen. Solch ungeheures Scheusal war Typhoeus. Zusammengeballte Felsen zum Himmel hinaufschleudernd, fuhr er los, mit Zischen und Geschrei, eine kochende Feuermasse aus seinem Munde sprudelnd.
(vgl. Apollodor, *Mythologische Bibliothek*, I, 6 3)

Seine unnahbaren Hände vollführten gewaltige Werke; unermüdlich waren die Füße des mächtigen Gottes. Hundert Häupter wie von Schlangen und gräßlichen Drachen sprossen aus seinen Schultern mit drohendem Züngeln. Und den Augen aller Häupter entlohte bei seinen Blicken ein Feuer. Stimmen entfuhren auch mit mancherlei Klange den wilden Köpfen unsäglicher Art. Einmal klang es wie das Gebrüll eines heftigen, wütenden Stieres, ein andermal war es gleich dem eines furchtbaren Löwen oder dem Gebell eines Hundes.
(vgl. Hesiod, *Theogonie*, 823 ff.)

Typhoeus entstieg der Erdentiefe, und große Furcht überkam die Himmelsbewohner, so daß sie sich alle zur Flucht wandten, bis das Land Ägypten die Erschöpften aufnahm, und der Nil, der sich in sieben

Mündungsarme gabelt. Doch der erdgeborene Typhoeus kam auch hierher, und die Götter mußten sich in Truggestalten verbergen. Zum Anführer einer Schafherde wurde Zeus, und daher wird der libysche Ammon auch heute noch mit gewundenen Hörnern dargestellt; der Gott von Delos hat sich im Raben versteckt, Semeles Sohn im Bock, in der Katze die Schwester des Phoebus, Saturnia in einer schneeweißen Kuh, Venus in einem Fisch, der Cyllener im geflügelten Ibis.
(vgl. Ovid, *Metamorphosen*, V, 323–332)

Zum besseren Verständnis hier noch einmal der Reihe nach die Namen der Götter im ägyptischen Exil: Zeus, Apollon, Dionysos, Artemis, Hera, Aphrodite und Hermes. Stellenweise liest man auch von Ares als Wildschwein und Hephaistos als Stier, aber in diesem Punkt sind sich die Autoren der Göttermythen nicht ganz einig. Tatsache ist aber, daß in Ägypten um diesen Mythos der Kult der Tier-Gottheiten (man lese in Lukian von Samosota, *Über die Opfer*, 14) entstanden ist.

Wie soll man nun das Verhalten der hochgerühmten olympischen Götter beurteilen? Sind sie tatsächlich zu einer Herde von Feiglingen herabgesunken? Ich würde sagen: Nein. Typhoeus muß wirklich eine »Strafe Gottes« gewesen sein, denn nicht zufällig bedeutete sein Name »betäubender Rauch«. Sein bloßer Anblick versetzte alle in Angst und Schrecken.

Der erste, dem allmählich klar wurde, daß die Götter kein gar so erbärmliches Bild abgeben durften, war – wie könnte es anders sein? – der große Zeus. Obwohl ihm ordentlich die Knie schlotterten, trat er mutig dem Scheusal entgegen, das die Mutter Erde da hervorgebracht hatte. So leicht ließ sich Typhoeus natürlich nicht einschüchtern. Er schleuderte Zeus sogleich zwei gigantische Flammen entgegen, die zwar ihr Ziel verfehlten, dafür aber die Wüste Sahara und jene Saudi-Arabiens entstehen ließen.

Zeus warf mit Donnerkeilen nach Typhoeus, so lang' er noch ferne war; als er aber näher kam, machte er ihn mit seiner eisernen Sichel stutzig, brachte ihn zum Fliehen und verfolgte ihn bis zum Berge Casius, der Syrien überragt. Dort sah er ihn, mit Wunden bedeckt, und ließ sich mit ihm ins Handgemenge ein. Typhoeus aber, umflochten von seinen Vipergewinden, hielt ihn von sich entfernt, entriß ihm die Sichel, schnitt ihm die Sehnen an Händen und Füßen ab, lud ihn auf die Schultern und brachte ihn über das Meer nach Kilikien. In der Korykischen Höhle angelangt, warf er ihn ab, legte auch die Sehnen, in ein Bärenfell gewickelt, daselbst nieder und stellte die Delphyne dabei als Wächterin auf, einen jungen weiblichen Drachen, halb Tier, halb Mensch.
(vgl. Apollodor, *Mythologische Bibliothek*, I, 6 2)

Es sieht schlecht aus für Zeus, doch noch ist nicht aller Tage Abend: Kadmos, ein griechischer Held, der als hervorragender Flötenspieler bekannt ist, kommt zufällig vorbei. Und Typhoeus und Delpyne, die zwar Monster, aber dennoch der Kammermusik zugetan sind, bitten ihn, etwas für sie auf seiner Flöte zum Besten zu geben. Kadmos erfüllt ihnen den Wunsch, und die Monster applaudieren begeistert und verlangen eine Zugabe. »Ach, das war noch gar nichts«, erklärt Kadmos da ziemlich unbescheiden, »ihr müßtet mich mal auf der Leier hören!«

»Dann spiel uns doch etwas auf der Leier vor?«

»Würde ich ja gern, aber die Saiten an meinem Instrument aus Schildkrötenpanzer sind alle gerissen, und ich habe leider keine Ersatzsaiten dabei.«

»Ich glaube, wir müßten irgendwo noch ein paar alte Sehnen herumliegen haben. Vielleicht könntest du es damit versuchen.«

So spielt also Kadmos auf der Leier und gibt dann, als es dunkel geworden und die Monster von der schönen Musik eingeschlafen sind, Zeus seine Sehnen zurück. Nachdem dieser nun seine Gliedmaßen wieder bewegen kann, stürzt er sich erneut in den Kampf und schleudert auf Typhoeus alle Blitze, die er zur Hand hat. Als Antwort läßt der Gigant Felsbrocken, so groß wie ganze Gebirge, auf den Göttervater niedergehen. So wogt der Kampf hin und her, bis es Zeus dann doch noch gelingt, mit seinem letzten Blitz den Widersacher zu Boden zu werfen. Und um ganz sicher zu gehen, daß der nie wieder aufstehen wird, pflanzt er ihm den Ätna auf die Brust. Noch heute kann man, wenn man sich über den Kraterrand des Vulkans beugt, Typhoeus sehen, der seine ganze Wut zum Himmel schreit. Zumindest, wenn man dem griechischen Dichter Pindar Glauben schenken darf:

Es entstürzen seinen Tiefen lauterste Bäche von Glut, der zu nahen keiner vermöchte; bei Tage wirbeln die Wolken des feur'gen Qualms, aber nächtens rollt die purpurne Flut, donnernde Brocken Gesteines schleudert sie in die stillen Buchten des Meeres. Es ist jenes Untier, Typhoeus, das Hephaistos' furchtbare Güsse heraufschickt; ein Wunder und Graun für den, der es sieht, schon ein Wunder, wenn du's von einem vernimmst, der vorbeiging.
(Pindar, *Erste pythische Ode*, Strophe 4)

III

Prometheus

Bisher haben wir über die Entstehung des Universums und die Geburt der wichtigsten Götter gesprochen. Nun soll es um die Frage gehen, wie und wo die ersten Menschen aufgetaucht sind. Manche behaupten, sie seien ganz einfach aus der Erde geschossen, ähnlich wie Artischocken, oder wie Eicheln von den Bäumen gefallen. Andere neigen eher zu der Ansicht, daß sie aus Ton und Wasser geformt wurden, und zwar von zwei Göttern, die allerdings nur in der Zweiten Liga spielten, Prometheus und Epimetheus, den Söhnen des Titanen Iapetos. Und so erzählt uns Ovid diese Geschichte:

Der Sproß des Iapetos mischte die noch jungfräuliche Erde mit Regenwasser und formte sie zum Ebenbild der alles lenkenden Götter. Und während die übrigen Lebewesen nach vorn geneigt zur Erde blicken, gab er dem Menschen ein nach oben schauendes Antlitz, ge-

bot ihm, den Himmel zu sehen und das Gesicht aufrecht zu den Sternen zu erheben. So nahm die Erde, die eben noch roh und gestaltlos gewesen war, verwandelt die bisher unbekannten menschlichen Formen an.
(vgl. Ovid, *Metamorphosen*, I, 82–88)

Der Name Prometheus bedeutet auf griechisch, »der vorausschauend Denkende«, Epimetheus hingegen, »der nachträglich Denkende«, und das erklärt schon, wieso letzterer, als es darum ging, die zum Überleben notwendigen Gaben an alle Lebewesen zu verteilen, die Menschen vergaß. Sie bekamen weder ein Fell gegen die Kälte noch Krallen zum Klettern oder Reißzähne, um Feinde zu zerfleischen. Platon erzählt in seinem Werk *Protagoras* von dieser Phase der Genesis und beschreibt uns, wie sich Epimetheus mächtig ins Zeug legt, um alle Arten mit dem Notwendigsten auszustatten.

Bei der Verteilung nun gab er den einen Stärke ohne Schnelligkeit, die Schwächeren aber stattete er mit Schnelligkeit aus. Den einen gab er Waffen, für die anderen, deren Natur er wehrlos schuf, ersann er eine andere Eigenschaft zu ihrer Erhaltung. Den einen verlieh er die Gabe zu beschwingter Flucht mittels Flügeln, den anderen gab er unterirdische Behausungen. Und so verteilte er ausgleichend auch alles

andere. Das ersann er aber, um der Gefahr vorzubeugen, daß irgendeine Gattung ausgerottet werde. Als er ihnen nun Sicherheit geschaffen hatte vor gegenseitiger Vernichtung, ersann er auch Mittel gegen den Wechsel der Jahreszeiten, wie Zeus sie bestimmt, indem er sie mit dichten Haaren und starken Fellen bekleidete, die ausreichten, den Frost abzuwehren, aber auch imstande waren, die Hitze zu mäßigen. Den einen gab er Hufe den anderen Krallen oder harte blutleere Schwielen an den Füßen. Doch da die Klugheit ihm ganz und gar fehlte, war Epimetheus, noch ehe er es ahnte, mit seinen Kräften am Ende; und nun blieb ihm noch unausgestattet das Menschengeschlecht übrig, und er wußte nicht, was er mit ihm anfangen sollte.
(vgl. Platon, *Protagoras*, XI)

»Was fällt dir denn ein?« fuhr ihn Prometheus an. »Die Tiere stattest du mit allen Schikanen aus, und die Menschen läßt du nackt wie Regenwürmer!«

»Verzeih, mein Bruder, aber ich habe mich bei der Vergabe verkalkuliert«, antwortete Epimetheus verwirrt. »Ich war am Anfang einfach zu großzügig mit den Löwen und Affen, den Bären, Hasen und Wildschweinen, und als die Menschen an die Reihe kamen, war leider schon alles fort.«

Und so kam es, daß Prometheus von diesem Tage an zu einer Art Anwalt des Menschengeschlechts wurde, der erste einer langen Reihe historischer Persönlichkeiten (wie Gaius und Tiberius Gracchus, Cola di Rienzo, der neapolitanische Volksheld Masaniello, die Jakobiner...), die sich mit Inbrunst der Sache des Volkes verschrieben. Und natürlich ging es Prometheus wieder einmal darum, den Menschen etwas Gutes zu tun, als er eines Tages in Mekone die Leitung einer Opferfeier übernahm. Bei dieser regelmäßig stattfindenden Opferung eines Stieres wurde eine Hälfte des Tieres zu Ehren des Zeus verbrannt, die andere aber gebraten und unter das Volk verteilt. Prometheus versteckte nun in der einen Hälfte, der größeren, alle Knochen und in der kleineren das zarte, schmackhafte Fleisch und fragte dann bei Zeus an, welche Hälfte seinen Vorstellungen eher entspreche. Woraufhin sich der Göttervater natürlich für die größere entschied und den Rest den Menschen überließ.

Sobald er jedoch merkte, daß er nur Haut und Knochen abbekommen hatte, geriet er außer sich vor Zorn: »O ihr elenden sterblichen Kreaturen«, schrie er, »ihr wolltet das Fleisch? Gut, bitte, dann müßt ihr es aber roh essen!«

Und mit diesen Worten entzog er den Menschen das Feuer. Auf der Stelle erloschen alle Flammen in den Kaminen, und egal, was die Menschen auch versuchten, sie fanden keinen Weg, sie neu zu entfachen. Vergeblich rieben sie Stöcke oder schlugen Steine aneinander – nicht das allerkleinste Fünkchen entstand. Hinzu kam, daß in jenem Jahr der Winter besonders streng war. Thermometer, wenn es sie schon gegeben hätte, hätten Temperaturen weit unter dem Gefrierpunkt angezeigt, und die Menschen waren gezwungen, sich nachts wie die Ölsardinen aneinander zu drängen, um nicht zu erfrieren. Doch Prometheus ließ seine Schützlinge nicht im Stich: Manche erzählen, er habe in dieser Situation den Feuerstein erfunden (so Diodorus Siculus in seiner *Historischen Bibliothek*, V, 67), andere, er sei, gerührt vom Wehklagen der Sterblichen, zum Olymp hinaufgestiegen, um den Menschen das Feuer zurückzubringen. Prometheus habe sich hinter das große Tor gekauert, durch das Helios jeden Morgen mit seinem Sonnenwagen den Olymp verließ, und dem Sonnengott dann beim Vorbeifahren einen Funken gestohlen und diesen in einem ausgehöhlten Stock oder Priesterstab verborgen zur Erde gebracht.

Als Zeus feststellen mußte, daß das Feuer in die Häuser der Sterblichen zurückgekehrt war, kannte sein Zorn keine Grenzen mehr. Drei Tage und drei Nächte lang strafte er die Erde mit verheerenden Unwettern, Erdbeben und Überschwemmungen. Als seine Wut ein wenig verraucht war, begann er, in seiner Rache gezielter vorzugehen.

Natürlich hatte er dabei besonders Prometheus im Auge, den er als Verräter an seinem eigenen

Geschlecht betrachtete. Er bestellte den göttlichen Schmied Hephaistos, auch »der Hinkende« genannt, sowie dessen beiden Helfer »Macht« und »Gewalt« zu sich und trug ihnen auf, den Schuldigen auf einem Gipfel des Kaukasusgebirges festzuketten.

Allerdings hatte der brave Hephaistos überhaupt keine Lust, Prometheus auf diese Weise zu quälen. Immerhin war der sein Vetter ersten Grades. Als »Macht« sein Zögern bemerkte, schalt er ihn heftig:

»Auf, auf! Was säumst du und bejammerst ihn umsonst? Warum haßt du nicht diesen uns verhaßten Gott? Weißt du nicht, daß er unser Geschlecht verraten hat ans irdische Volk?«
(vgl. Aischylos, *Der gefesselte Prometheus*, 33 ff.)

Und Hephaistos antwortete:

»Wahr mögen deine Worte sein, doch mächtig ist gleichen Blutes, alter Freundschaft Band!«
(vgl. ebda., 39 ff.)

Praktisch um Verzeihung bittend, wandte sich Hephaistos an Prometheus:

»O Prometheus, gezwungen bin ich, dich Gezwungenen zu schmieden hier mit Erz unlösbar an dies menschenöd' Geklüft, wo nie Gestalt, nie Stimme eines

Menschen dir sich naht. Mit glühendem Strahl versengt die Sonne dir der Glieder blühende Kraft, die Tag für Tag mehr dahinwelkt.«
(vgl. ebda., 20 ff.)

Prometheus schrie und verfluchte den Göttervater Zeus, doch das Schlimmste sollte erst noch kommen. Er hörte ein Flügelschlagen und erblickte in den Lüften einen Adler, der auf ihn zugeschossen kam. Hermes unterrichtete ihn nun über die Einzelheiten der bevorstehenden Tortur:

»Lange, lange Jahre wirst du für deine Schuld büßen. Es wird dir Zeus' flügelwilder, mächt'ger Adler in heißer Gier zerfleischen deines Leibes großes Trümmerfeld, wird ungeladner Gast dir sein, Gast den langen Tag, um auszuweiden deiner schwarzbenagten Leber Rest.«
(vgl. ebda., 1020 ff.)

Und um die Sache noch ein wenig qualvoller zu machen, sorgte Zeus dafür, daß Prometheus' Leber jede Nacht wieder nachwuchs, damit der Adler bis in alle Ewigkeit Gelegenheit haben sollte, an dem Organ herumzunagen.

Das zweite Ziel von Zeus' Rachefeldzug waren die Menschen. Doch wie sollte er sie am sinnvollsten bestrafen? Dazu hatte Zeus eine bemerkenswerte Idee.

»Zur Strafe für die Entwendung des Feuers gebe ich an Stelle des Feuers ein Übel, an dem sie sich alle erfreuen sollen und lächelnd ihr Übel umarmen.« Also sprach mit Lachen der Vater der Götter und Menschen. Und dem Hephaistos gebot er, dem rühmlichen, daß er in Eile Erde mit Wasser vermenge, um Stimme und Stärke des Menschen drin zu vereinen, und schön wie der ewigen Göttinnen Antlitz sollt' eine liebliche Jungfrau entstehen.
(vgl. Hesiod, *Werke und Tage*, 56 ff.)

Mit anderen Worten: Zeus befahl Hephaistos, die erste Frau zu schaffen, das heißt ein Ungeheuer, das hübsch anzuschauen ist, die Männer jedoch bis an ihr Lebensende quält.

Gleich aus Erde formte der hinkende Meister ein Bildnis, züchtiger Jungfrau gleich, ganz wie der Kronide geboten. Gürtel und Schmuck verlieh ihr die augenhelle Athene, die Chariten zierten mit Hilfe der würdigen Peitho sie mit goldnem Geschmeide. Es krönten mit Blumen des Lenzes ihren Scheitel rings die lockenherrlichen Horen. Aber in ihrer Brust erweckte der Argosbezwinger Trug und heuchlerische Koseworte. Und dann benannte Pandora er dies Frauengebilde, weil alle Bewohner des Himmels ihr Gaben geschenkt zum Leid der betriebsamen Männer.
(vgl. ebda., 69 ff.)

Doch wie sollte Zeus den Menschen, oder besser den Männern, dieses trügerische Wesen unterjubeln? Auch hier hatte der Göttervater eine glänzende Idee. »Ich schlage einfach Epimetheus vor, Pandora zu heiraten«, überlegte er sich. »So beschränkt wie der ist, wird er sie bestimmt nehmen.«

Und tatsächlich ließ sich Epimetheus nicht zweimal bitten: Kaum daß er Pandora erblickte, verliebte er sich Hals über Kopf in das Mädchen und hatte keinen anderen Wunsch mehr, als für immer mit ihr zusammen zu sein. Und neben der Frau erhielt er von Zeus auch das erste Hochzeitsgeschenk der Geschichte: die berüchtigte »Büchse, oder Vase, der Pandora«, die niemals, unter keinen Umständen, geöffnet werden durfte. Prometheus, dessen Name nicht zufällig der »Vorausschauende« bedeutet, hatte seinen Bruder noch gewarnt. »O Epimetheus, ich flehe dich an, nimm niemals ein Geschenk von Zeus entgegen.« Doch es kam, wie es kommen mußte. Trotz aller Verbote gewann Pandoras Neugier die Oberhand, und eines schlimmen Tages hob sie den Deckel der Vase an, um schnell mal einen Blick hinein zu werfen.

Hätte sie das doch bloß nicht getan! Aus der Vase entwichen alle nur denkbaren Übel, alle Beschwerden, Laster und Krankheiten, wie sie uns Menschen noch heute quälen.

Früher lebten ja doch die Stämme der Menschen auf Erden allem Elend fern und ohne beschwerliche Mühsal, ohne Krankheit und Schmerzen, die jetzt die Männer vernichten; altern die sterblichen Menschen doch schnell in Übel und Elend. Aber das Weib hob ab den großen Deckel des Kruges und ließ alles heraus, den Menschen übel gesonnen. Voll ist von Übeln das Land und voll ist die Meerflut, Krankheiten nahen den Menschen bei Nacht und bei Tage von selber ungerufen und bringen den sterblichen Wesen Vernichtung, schweigend, denn es beraubte sie Zeus, der Herrscher, der Stimme.
(vgl. ebda., 90 ff.)

Und wer ist an allem schuld? Natürlich eine Frau! Nach Hesiods Worten wohlgemerkt:

Ihr entstammten das schlimme Geschlecht und die Stämme der Frauen. Unheilbringend wohnen sie unter den sterblichen Männern, ohne die schlimme Not zu teilen, aber das Wohlsein.
(vgl. Hesiod, *Theogonie*, 590 ff.)

Zum Glück entwich der Vase aber auch die trügerische Hoffnung, sonst hätten es die Menschen, überwältigt von dieser gewaltigen Ansammlung von Übeln, sicher nicht lange ausgehalten und sich alle umgebracht.

Was nun Hesiods Ansicht über die Frauen als Quelle allen Übels angeht, unterscheidet er sich darin gar nicht so sehr von den christlichen Kirchen. Man denke nur daran, daß es auch in unserer Bibel die böse Eva ist, die den unschuldigen Adam verführt, und nicht umgekehrt.

Kein anderer griechischer Mythos ist so aktuell wie der von Prometheus. Es geht hier zunächst einmal um das »Gute«, das uns das Feuer bringt, also Wärme und Energie in all ihren möglichen Formen, dann aber auch um das »Böse«, das daraus folgt, sprich Umweltschäden und -zerstörung – im Grunde also um alle Vor- und Nachteile, die mit dem zweiten Hauptsatz der Thermodynamik zu tun haben.

Für all jene, die nur wenig Ahnung von Physik haben, sei hier noch einmal erwähnt, daß wegen dieses verfluchten Hauptsatzes jedesmal, wenn wir Materie umwandeln, um daraus ein klein wenig Energie zu gewinnen, ein Teil dieser Materie unbrauchbar wird, sich mit der Umgebung vermengt und zu Chaos und schweren Schäden führt, die gemeinhin unter den Namen Treibhauseffekt, Ozonloch und so weiter bekannt sind.

Um unsere Umwelt nicht weiter zu schädigen, sollte daher jeder Mensch so weitblickend sein, jede Bewegung zu vermeiden und reglos den Gang der Ereignisse zu verfolgen, was besonders unsere Umweltschützer froh machen würde.

Gott sei Dank sind nicht alle dieser Meinung, und wenn heute das Durchschnittsalter der Menschen allgemein ein beachtliches Maß erreicht hat, haben wir das zu einem guten Teil auch den Naturwissenschaften und ihren Entdeckungen zu verdanken. Natürlich sollte man, wenn man eine »Büchse« wie die in Tschernobyl erbaut, einige Vorsichtsmaßnahmen treffen, also zumindest für einen sicheren Schutzmantel sorgen und alle Pandoras rigoros von ihr fernhalten.

IV

Die Sintflut

Kein Zweifel: Es muß irgendwann einmal tüchtig geregnet haben, da zur Grundausstattung der Mythen aller Völker eine ordentliche Sintflut einfach dazugehört.

Für die Chinesen war es der gewaltige Kung-Kung, der mit seinen Hörnern gegen einen Pfeiler des Himmelsgewölbes stieß und so eine nicht enden wollende Sintflut auslöste. Zu unserem Glück gelang es dem kleinen Fu-hsi und dessen Schwester Nü-kua sich selbst und alle Tierarten mit Hilfe eines Floßes zu retten.

Für die Babylonier hieß der Retter Utanapishti, der gehorsam eine Arche baute und damit auf dem Gipfel eines Berges strandete. Als es dann endlich zu regnen aufhörte, ließ er eine Taube fliegen, die erkunden sollte, wie es draußen in der Welt so aussah: Kurzum, alles ganz ähnlich wie bei unserem biblischen Noah.

Bei den Indern hingegen war es ein Fisch, der die

Menschheit rettete. Er hing an einer Angel und flehte Manu, den Seemann, der ihn gefangen hatte, an: »Gib mir meine Freiheit wieder, dann erzähle ich dir etwas, das dir in ein paar Tagen sehr nützlich sein wird.« So kündigte der Fisch Manu die gewaltige Überschwemmung an und riet ihm, rasch ein Boot zu bauen, das allen Tierarten Platz bieten sollte.

In Ägypten war es die Göttin Hathor, auch »Große Kuh« genannt – was nicht despektierlich gemeint war –, die die Menschheit vernichten wollte. Zum Glück hatte der Sonnengott Re Mitleid mit den Menschen und tauchte die Erde in rotes Bier. Die blutrünstige Hathor hielt das Bier für Blut und trank so viel davon, bis sie stockbesoffen war und darüber vergaß, die menschliche Rasse auszulöschen.

Für die Cherokee-Indianer schließlich war es ein Hund, der seinen rothäutigen Herrn darauf aufmerksam machte, daß es zu regnen begann, während in der skandinavischen Mythensammlung *Edda* von einem verliebten Pärchen erzählt wird, das die Sintflut überlebte, weil es sich zufällig gerade ein Ruderboot ausgeliehen hatte, um in der lauen Nacht auf einem See ein wenig zu knutschen. Doch kehren wir nun zu den Griechen zurück.

Lycaon und seine fünfzig Kinder

König Lycaon war ein frommer Mann. Er liebte die Götter, und diese dankten es ihm mit der gleichen Zuneigung. Eines Abends, es war eine schöne Vollmondnacht, lud Lycaon den Göttervater Zeus zu einem Abendessen im Freien ein. Seine fünfzig Kinder jedoch, die daran zweifelten, daß tatsächlich der Göttervater zum Essen gekommen war, wollten den Gast auf die Probe stellen. Sie servierten ihm zusammen mit dem Kalbsgulasch die Innereien eines Kindes, eines gewissen Nyktimos, wahrscheinlich ein jüngerer Bruder oder ein armer Verwandter. Natürlich merkte Zeus schon beim ersten Bissen, was da gespielt wurde, warf angewidert den Tisch um und verwandelte Lycaon und dessen Kinder auf der Stelle in ein Rudel Wölfe.

Als man auf dem Olymp von den Ereignissen erfuhr, waren alle Götter zutiefst entsetzt. »Wo soll das noch hinführen?« riefen sie und kamen schnell überein, daß die Menschen für diese Schandtat bestraft werden sollten. Aber wie? Mit einer ordentlichen Dusche, auch wenn dabei ein paar Lebewesen draufgehen würden.

Der Südwind fliegt auf feuchten Schwingen heraus, das furchterregende Gesicht mit pechschwarzem Ne-

bel bedeckt. Der Bart ist schwer von Regen, vom grauen Haar fließt Wasser, an der Stirn ruhen Nebelschwaden, von Tau triefen die Federn und das Gewand. Und sobald er mit der Hand die weit und breit am Himmel hangenden Wolken gepreßt hat, platzen sie mit Getöse; dann gießt es vom Himmel in Strömen.
(vgl. Ovid, *Metamorphosen*, I, 264 ff.)

Um die Sache noch ein wenig zu steigern, bittet Zeus auch seinen Bruder, den Meeresgott Poseidon, um Mithilfe.

Poseidon ruft die Flußgötter zusammen, und nachdem sie das Haus ihres Tyrannen betreten haben, spricht er: »Es bedarf jetzt keiner langen Ermahnung. Laßt eure Kräfte sich austoben! Öffnet eure Pforten, beseitigt die Dämme und laßt euren Strömen ganz und gar die Zügel schießen.« Dann erschüttert der Meister selbst die Erde mit seinem Dreizack; sie erzittert, und ihr Beben bahnt dem Wasser neue Wege. Die Flüsse verlassen ihr Bett, stürzen durch das offene Feld und reißen zugleich mit den Saaten Büsche, Vieh und Menschen, Häuser und Tempel samt den heiligen Götterbildern mit sich fort. Schon gab es zwischen Wasser und Land keinen Unterschied mehr; alles war ein einziges Meer, und das Meer hatte sogar keine Küsten.
(vgl. ebda., I, 276 ff.)

In allen Einzelheiten beschreibt Ovid das apokalyptische Szenario.

Die Nereiden bewundern unter dem Wasser Haine, Städte und Häuser, Delphine wohnen in Wäldern, stoßen an hohe Zweige und schlagen an Stämme, die nachschwingen. Es schwimmt der Wolf mitten unter den Schafen, die Woge trägt gelbbraune Löwen, die Woge trägt Tiger; seine Kraft, die dem Blitze gleicht, hilft dem Eber nicht; die schnellen Schenkel nützen dem Hirsch nicht, der hinweggespült wird; und nachdem der flüchtige Vogel lange nach Land gesucht hat, auf dem er sich niederlassen könnte, fällt er schließlich mit ermatteten Schwingen ins Meer.
(vgl. ebda., I, 301 ff.)

Nur zwei Menschen entkommen dieser gewaltigen Naturkatastrophe: Deucalion und Pyrrha, die, genaugenommen, damit unsere Vorfahren wären.

Als Deucalion, der König von Phtia, eines Tages bei seinem Vater Prometheus, der immer noch im Kaukasus angekettet war, zu Besuch weilte, erfuhr er von diesem, daß eine gewaltige Flutkatastrophe bevorstand. So hatte er Gelegenheit, von seinen Untertanen ein Boot bauen zu lassen, das groß genug war, um je einem Paar von jeder Tierart Platz zu bieten. Neun Tage und neun Nächte schaukelte die Arche durch die Wellen, bis sie schließlich auf einem Berg mit zwei Gipfeln, dem Parnaß, auflief. Hier ließ Deucalion – wie könnte es anders sein? – eine Taube losfliegen, um sich über die aktuelle Wetterlage unterrichten zu lassen.

Die Fluten fallen, und man sieht die Hügel auftauchen. Schon hat das Meer eine Küste, jedes Flußbett nimmt seinen Strom voll auf. Es hebt sich der Erdboden: Das Land wächst, indem das Wasser abnimmt. Und nach langer Zeit zeigen die Wälder ihre bloßgelegten Wipfel und tragen noch Reste von Schlamm auf dem Laub. Neu geschenkt war die Erde.
(vgl. ebda., I, 342 ff.)

Ratlos und verängstigt blickten sich Deucalion und Pyrrha an: Zwar waren sie gerettet, aber jetzt auch die einzigen Menschen auf der Welt. Sie konnten ihre Tränen nicht zurückhalten.

»Schwester, Gattin, einzig überlebende Frau«, sagt Deucalion, »von allen Ländern, welche die aufgehende und die untergehende Sonne sieht, sind wir beide die gesamte Bevölkerung; alles übrige hat das Meer in Besitz genommen. Doch auch jetzt sind wir unseres Lebens noch nicht ganz sicher. Die Wolken machen mir immer noch Angst. O hätte das Meer auch dich verschlungen, würde ich dir folgen, Gattin, glaube mir. O könnte ich doch durch meines Vaters

Künste die Völker neu erschaffen und dem geformten Lehm Leben einhauchen! Nun ist das Geschlecht der Sterblichen nur noch in uns beiden vorhanden – so hat es den Göttern gefallen –, und wir bleiben als einzige Vertreter der Menschheit übrig.«
(vgl. ebda., I, 355 ff.)

Die Göttin Themis hörte diese Worte, ließ sich von ihnen anrühren und gab den beiden, nachdem sie ein wenig hin und her überlegt hatte, einen kleinen Tip, wie sie ihre Lage verbessern könnten.

»Verhüllt euer Haupt, entgürtet eure Gewänder und werft hinter euren Rücken die Gebeine eurer Mutter.«
(vgl. ebda., I, 382 ff.)

Wieder schauten sich Deucalion und Pyrrha ratlos an. Was sollte diese Botschaft bedeuten? Wen meinte die Göttin mit »eurer Mutter«? Die von Deucalion oder die von Pyrrha? Und wo sollten sie diese Knochen überhaupt finden?

Sie dachten lange nach, bis sie schließlich hinter das Rätsel kamen: Die Mutter, von der Themis gesprochen hatte, war niemand anderes als die Große Mutter Erde, auf der sie sich befanden, und die Knochen jene Steine, auf die sie auf ihrem Weg stoßen würden.

Die Steine beginnen ihre Härte und ihre Starre abzulegen, allmählich weich zu werden und, einmal weich geworden, Gestalt anzunehmen. Sobald sie dann gewachsen sind und ihnen eine sanftere Natur zuteil geworden ist, läßt sich die Andeutung einer Menschengestalt erkennen – freilich noch nicht offenkundig, sondern wie ein eben in Arbeit genommener, unfertiger Marmorblock. Was an jedem Stein feucht und erdig war, kommt den Muskeln zugute; was fest ist und sich nicht biegen läßt, verwandelt sich in Knochen; das Geäder aber bleibt Geäder. Und in kurzer Zeit bekommen durch die Macht der Götter die von Männerhand geworfenen Steine das Aussehen von Männern; und aus den Steinen, welche die Frau geworfen, entsteht das weibliche Geschlecht aufs neue.
(vgl. ebda., I, 400 ff.)

V

Zeus und Hera

Einmal abgesehen von Zeus (bei den Römern Jupiter) und Hera (Juno), die unwidersprochen als Herrscher und Herrscherin des Olymps angesehen wurden, sind die Rangordnungen bei den anderen Stars der griechischen Mythologie nur schwer zu durchschauen und zu erklären. Ist zum Beispiel Apollon oder Athene höher anzusiedeln? Gehört Pan zur ersten oder zweiten Götterklasse? Ist er nun bedeutender oder unbedeutender als Hestia?

Da es sich bei den Herrschaften um höchst empfindliche, rachsüchtige Gottheiten handelt, gebietet es die Vorsicht, sie einfach in streng alphabetischer Reihenfolge aufzuführen, zumindest die wichtigsten, als da wären: Aphrodite (Venus), Apollon (heißt ebenso bei den Römern), Ares (Mars), Artemis (Diana), Athene (Minerva), Demeter (Ceres), Dionysos (Bacchus), Hades (Pluto), Hephaistos (Vulcanus), Hestia (Vesta), Pan (auch bei den Römern Pan) und Poseidon (Neptun). Dahinter kommt dann das ganze Heer großer und kleiner Ungeheuer beiderlei Geschlechts.

Ein weiteres Problem ist das schier unentwirrbare Knäuel von Tratschgeschichten, die über die Götter erzählt werden. Im Unterschied zu anderen Religionen wurden die griechischen Gottheiten nämlich nach dem Bild und Vorbild des kleinen Mannes von der Straße geformt, mit allen dazugehörenden Schwächen, weswegen Eifersüchteleien, Seitensprünge, Racheakte und ständig neue Affären an der Tagesordnung waren. Weil darüber hinaus all ihre Abenteuer miteinander verbunden sind, läuft man schnell Gefahr, sich bei einer Geschichte zu wiederholen oder aber sie ganz auszulassen, weil man glaubt, sie schon erzählt zu haben.

Um sich eingehender über die Götterwelt zu informieren, sollte man deshalb detailliertere Werke über die griechische Mythologie zu Rate ziehen, und davon seien hier die drei großen Standardwerke erwähnt: *Griechische Mythologie* von Robert von Ranke Graves, *Mythen der Völker* von Pierre Grimal und *Die Mythologie der Griechen* von Karl Kerényi.

Zeus und Hera kommen einem fast wie ein Klischee vor, wie ein zänkisches Ehepaar aus einer Comic-Reihe, er ein Arcibaldo, der unablässig den Frauen nachstellt, und sie eine hysterische Petronilla, die ihn Tag und Nacht mit ihrer Eifersucht verfolgt. Wollte man über alle Seitensprünge von Zeus und die darauf folgenden Racheakte seiner lieben Gattin berichten, würde das gesamte Buch nicht ausreichen, weswegen wir uns hier auf die wichtigsten Fälle beschränken, in denen der Ehefrieden schief hing.

Wie schon mehrmals erwähnt, fühlte sich Zeus stark zu den Frauen hingezogen. Die erste, bei der er es versuchte, war gleich seine Mutter Rhea. Eines Tages überkam ihn ein heftiges sexuelles Verlangen, und so stürzte er sich auf sie, um sie mit Gewalt zu nehmen. Vergeblich versuchte die Unglückliche, ihrem Schicksal zu entgehen, indem sie sich in eine Schlange verwandelte. Der begierige Zeus tat es ihr gleich und erreichte so sein Ziel.

In der Folgezeit konnte er in seine Sammlung einreihen: die Cousine Metis; Themis, die Göttin der Ordnung (mit der er die Moiren und die Jahreszeiten zeugte); Eurynome (nicht zu verwechseln mit jener aus dem pelasgischen Schöpfungsmythos), aus welcher Verbindung die drei Grazien entstanden; dann Mnemosyne (die er zur Mutter der Musen machte); außerdem seine Tochter und Schwägerin Persephone und viele, viele mehr.

Es ist offensichtlich, daß sich hinter jeder dieser Vergewaltigungen durch den Göttervater eine Allegorie verbirgt. So erinnert zum Beispiel jene der Ordnungs-Göttin Themis daran, daß es sich die alten Hellenen zur Aufgabe gemacht hatten, den Kalender zu ordnen; die von Mnemosyne, die die Musen zur Welt bringt, steht hingegen für das Bedürfnis der Menschen, ihre Mühen und Leiden durch die Sangeskunst erträglicher zu machen:

Die Musen gebar Mnemosyne einst dem Vater Zeus in Pierien, wo sie Eleuthers Hänge betreute, daß man der Übel vergäße und jegliche Sorge zerstreue. Volle neun Nächte vereint sich mit ihr der vorsichtige Zeus; fern von den anderen Göttern bestieg er ihr heiliges Lager. Als nun ein Jahr vergangen, gebar sie neun gleichsinnige Töchter, die alle unbeschwerten Sinnes sich dem Gesange ergeben.
(vgl. Hesiod, *Theogonie*, 53 ff.)

Verwandlung hieß die von Zeus bevorzugte Taktik. Um zum Beispiel Alkmene zu verführen, nahm er das Aussehen ihres gerade aus dem Krieg heimgekehrten Gatten Amphitryon an. Bei Nemesis, die sich auf der Flucht in eine Gans verwandelt hatte, schlüpfte Zeus in die Gestalt eines Schwans. So entstand das Ei, das von Leda ausgebrütet wurde, bis die schöne Helena daraus geschlüpft war. Um bei der Nymphe Io zum Zuge zu kommen, ohne von der Gattin Hera erwischt zu werden, verwandelte der Göttervater die junge Dame in eine Kuh und sich selbst in einen Stier. Danaë schließlich war von ihrem Vater Akrisios bei lebendigem Leibe eingemauert worden, weil ein Orakel vorhergesagt hatte, daß ihr Vater eines Tages von einem Enkelkind getötet würde (*quod timens Acrisius, eam in muro lapideo preclusit* – Hyginus, *Fabel*, 63). Und um sie zu befruchten, verwandelte sich Zeus in Goldregen und konnte so durch die Ritzen im Mauerwerk in das Verlies eindringen. Nebenbei bemerkt hat die Episode mit Danaë zu einigen zynischen Interpretationen Anlaß gegeben. So verstehen zum Beispiel der Dichter Horaz oder auch der Maler Gustav Klimt den Goldregen als eine Metapher, die bedeute, daß ein Mann häufig nur genügend Kleingeld locker machen müsse, um eine Frau zu erobern.

Das Turmverlies von Erz, die Tür aus Eichenholz und die unfreundliche Hut wachsamer Hunde hätten die eingeschlossene Danaë vor nächtlichen Buhlern sicher genug verwahrt, wenn Jupiter und Venus nicht des Acrisius, des angstgequälten Hüters der eingekerkerten Jungfrau, gelacht hätten; sie wußten ja, daß dem in Gold verwandelten Gott ein gefahrloser Weg offen stehen werde. Das Gold nimmt gar gern seinen Weg mitten durch Scharen von Leibwächtern und durchbricht Felsenmauern mit gewaltigerer Kraft als der flammende Blitz.
(Horaz, *Oden*. Drittes Buch, XVI, 1–12)

Die Ehekräche zwischen Zeus und Hera waren sprichwörtlich, unterschieden sich jedoch, abgesehen von den Waffen (Blitzen), nicht wesentlich von denen gewöhnlicher Sterblicher. Das erkennt man schon in den wenigen Versen im achten Gesang der *Ilias*, in denen Hera ihren Gatten Zeus anfährt:

Deinen Zorn, o Zeus, acht ich nicht, und entflöhest du auch an die äußersten Enden der Erde und des Meeres, dort wo Iapetos drunten und Kronos sitzen, von der Sonne nie, noch von Winden erfreut, denn tief ist der Tartaros ringsum.
(vgl. Homer, *Ilias*, VIII, 477 ff.)

Das erinnert doch stark an die auch heute noch häufig von erzürnten Ehemännern vorgebrachte Aufforderung an ihr liebes Eheweib: »Dann hau doch ab zu deiner Mutter! Je weiter du weg bist, desto besser geht's mir.«

Die Göttin Hera hatte nun die fatale Angewohnheit, Zeus jeden Seitensprung heimzuzahlen: Eines Tages hatte sie die ewigen Betrügereien so satt, daß sie alle Götter des Olymps dazu aufstachelte, ihren untreuen Gatten in Ketten zu legen. So stürzten sich mit Ausnahme von Hestia, der friedliebenden Göttin des Herdes, alle auf den armen Zeus und fesselten ihn mit Lederriemen, die hundertfach verknotet wurden. Nicht nur das, die Knoten waren auch noch äußerst tückisch: Versuchte man einen zu lösen, verknoteten sich alle anderen automatisch aufs neue. Seine Rettung verdankte Zeus der Nereide Thetis, die den Giganten Briareos zu Hilfe rief, weil sie einen blutigen Krieg um Zeus' Nachfolge befürchtete. Erinnert man sich daran, daß dieser zu den Hekatoncheiren, den »Hundertarmigen«, zählte, ist leicht zu verstehen, wieso er die Knoten problemlos lösen konnte. Auf diese Episode bezieht sich der Held Achilles in der *Ilias*, als er im Zorn auf seine Kampfgefährten seine Mutter Thetis anfleht, Zeus an den geleisteten Gefallen zu erinnern und so zu einer Bestrafung der Achäer zu bewegen:

Als vordem ihn zu binden die andern Olympier drohten,
Here und Poseidaon zugleich und Pallas Athene.
Doch du kamst, o Göttin, und löstest ihn aus den Banden,
Rufend zum hohen Olympos den hundertarmigen Riesen,
Den Briareos nennen die Himmlischen, aber Aigaion
Jeglicher Mensch; denn er raget auch selbst vor dem Vater an Stärke.
Dieser nun saß bei Kronion, dem Donnerer, freudigen Trotzes.
Drob erschraken die Götter und scheuten sich jenen zu fesseln.
Setze nun, des ihn erinnernd, zu jenem dich, faß ihm die Knie auch,

Ob es vielleicht ihm gefalle, den Troern Schutz zu gewähren,
Aber zurückzudrängen zum Lager und Meer die Achaier,
Niedergehaun, bis sie alle satt haben ihren Gebieter.
(ebda., I, 399ff.)

Die Stimmung zwischen Zeus und Hera war allerdings nicht immer so schlecht. Ab und an lieh sich die Göttin von ihrer Kollegin Aphrodite den *kestos himas* aus, den Zaubergürtel, in dem alle zur Verführung eines Mannes notwendigen Zutaten steckten, als da wären »schmachtende Lieb' und Sehnsucht, dort das Getändel und die schmeichelnde Bitte, die selbst den Weisen betöret« (Homer, *Ilias*, XIV, 214ff.). Dann bedachte sie ihren Göttergatten mit Liebkosungen, auf die wir an dieser Stelle nicht näher eingehen können. Denn eins muß man sagen: Im Bett klappte es bei den beiden vorzüglich, was unter anderem durch die Tatsache belegt wird, daß einmal eine Liebes-»Nacht« sage und schreibe dreihundert Jahre gedauert haben soll.

VI

Hades

Unter Ableistung aller nötigen schützenden Beschwörungsrituale wollen wir uns nun Hades (bei den Römern Pluto), dem Herrn über das Reich des Todes, zuwenden.

Nach der Beseitigung von Kronos standen die drei siegreichen Brüder Zeus, Poseidon und Hades vor dem Problem, wie das eroberte Reich aufzuteilen sei. Sie ließen das Los entscheiden. Der Gewinner sollte den Himmel bekommen, der Zweite das Meer und der Verlierer die Hölle. Erde und Olymp hingegen wurden als neutrales Gebiet angesehen, für das ein jeder seine Zuständigkeit behalten sollte. Mit den Worten Poseidons erzählt Homer von der Ziehung:

»Denn wir sind drei Brüder, die Kronos zeugte mit Rheia:
Zeus, ich selbst und Hades, der Unterirdischen König.

Dreifach geteilt ward alles, und jeder gewann von der Herrschaft:
Mich nun traf's, beständig das graue Meer zu bewohnen,
Als wir gelost; den Hades traf das nächtliche Dunkel;
Zeus dann traf der Himmel umher in Äther und Wolken;
Aber die Erd' ist allen gemein und der hohe Olympos.«
(Homer, *Ilias*, XV, 187 ff.)

Auf einer antiken griechischen Vase sind die drei Brüder beim Losentscheid dargestellt: Zeus mit dem Blitz, Poseidon mit dem Dreizack und Hades mit dem Helm, der ihn unsichtbar machte, auf dem Kopf. Da der Maler ihn jedoch schlecht unsichtbar malen konnte, hat der Beherrscher der Unterwelt das Gesicht abgewendet. Die ältere Form seines Namens, Aides oder auch Ais oder Aidoneus, bedeutet nämlich »unsichtbar« oder »der unsichtbar Machende«. Und so war es in der Hölle auch strengstens verboten, Hades oder seiner Gattin Persephone ins Gesicht zu schauen. Wer dagegen verstieß, wurde selbst auf der Stelle unsichtbar. Auf Persephones Geschichte, also ihre Entführung und die darauf folgenden Zwistigkeiten mit ihrer Mutter, der Göttin der Fruchtbarkeit, kommen wir im Kapitel XII zu sprechen.

Eine recht genaue Vorstellung von der Schattenwelt vermitteln uns die Beschreibungen einiger Herrschaften, die das Glück hatten, zu einem mehr oder weniger ausführlichen Besuch in der Unterwelt vorbeischauen und danach die »Sterne wiedersehen« zu dürfen, also Orpheus, Herakles, Theseus, Odysseus, Aeneas und Dante Alighieri. Allerdings sind sie sich uneins darüber, wo sich nun der Eingang zur Hölle befindet. Die einen sprechen von einem »Wald aus weißen Pappeln an den Ufern des Flusses Okeanos« (Pausanias, *Reisen in Griechenland*, X, 28 1), andere von »Tänarus, der Stadt in Laconica, wo die Mündung des Eintritts in den Hades ist« (Apollodoro, *Mythologische Bibliothek*, II, 5 16), wieder andere von einer »Höhle mit weitem, gähnenden Schlunde, zackig, von finsterem See umschäumt und von düsteren Hainen« (Vergil, *Aeneis*, VI, 236 ff.) oder einem »dunklen Wald« (Dante, *Die Göttliche Komödie, Hölle*, I, 2).

Einigkeit besteht hingegen darüber, daß man vor der eigentlichen Hölle zu einem finsteren Fluß gelangt, Acheron genannt, an dem ein noch finsterer Geselle wartet, der Fährmann Charon, der die Seelen der Toten selbst über den Fluß rudern läßt und dafür auch noch bezahlt werden will. Bei den Griechen war es daher Brauch, den Toten eine Münze in den Mund zu stecken, damit sie vor dem Fährmann nicht ohne Kleingeld dastanden.

Was die Beschreibung Charons betrifft, haben wir

die Qual der Wahl. Wir können auf die von Dante zurückgreifen,»ein Ferge auf dem leichenhaften Wasser, der aus zwei Flammenrändern sprühend blickte«, (Dante, *Die Göttliche Komödie, Hölle*, III, 98) oder auf jene Vergils,»der entsetzliche Fährmann Charon, bedeckt mit Schmutz, sein Kinn umflattert ein grauer, ganz verwilderter Bart, er starrt mit glühenden Augen, und um die Schultern geknotet umhängt ihn ein garstiger Umwurf« (Vergil, *Aeneis*, VI, 299 ff.) Doch nicht allen konnte der häßliche Kerl Angst einjagen. Herakles zum Beispiel verpaßte dem Fährmann kurzerhand eine ordentliche Tracht Prügel und veranlaßte ihn auf diese Weise dazu, ihn ans andere Ufer zu rudern. Als Strafe für diese Nachlässigkeit wurde Charon danach von den Göttern der Unterwelt eine Zeitlang in Ketten gelegt. So erklärt sich vielleicht auch der ziemlich unfreundliche Empfang, den der Fährmann den beiden Poeten, Dante und Vergil, in der *Göttlichen Komödie* bereitet: »Verworfne Seele, wehe!« ruft er ihnen entgegen. Doch Vergil läßt sich nicht einschüchtern und staucht den Fährmann zusammen: »Halt den Mund und rudere!« sagt er (natürlich mit gewählteren Worten).

Da wies mein Führer ihn zurecht: »Charon,
erhitz dich nicht, beschlossen so ist's dort,
wo Wille Macht ist, glaub es mir und schweig!«
(Dante, *Die Göttliche Komödie. Hölle*, III, 94 ff.)

Der zweite Wächter, den es zu überwinden galt, war Zerberus, der dreiköpfige Höllenhund, ein Sohn von Echidna und Typhon. Er hatte die Aufgabe, den Lebenden den Weg in die Unterwelt hinein und den Toten den Weg hinaus zu verwehren. Zur Anzahl seiner Köpfe gibt es unterschiedliche Ansichten (drei, sagen die meisten, andere sprechen aber auch von fünfzig oder gar hundert), nicht aber zu seinem Charakter: Zerberus war eine gnadenlose Bestie, und nicht zufällig hatte er einige gleichgesinnte Geschwister, zum Beispiel Orthros, das Ungeheuer mit den zwei Hunde- und sieben Schlangenköpfen, dann die siebenköpfige Wasserschlange Hydra von Lerna und den Löwen von Nemea. Nach einem »herkuleischen« Kampf gelang es Herakles, den Höllenhund Zerberus zu bezwingen und seinem Herrn Eurystheus zu bringen, der aber die Annahme des Geschenks verweigerte und das Tier auf der Stelle zurück in die Hölle beförderte.

Als zwölfte Arbeit wurde ihm aufgetragen, den Zerberus aus dem Hades zu bringen. Dieser hatte drei Hundsköpfe, einen Drachenschwanz und auf dem Rücken die Köpfe verschieden gestalteter Schlangen.
(vgl. Apollodor, *Mythologische Bibliothek*, II, 5 12)

Von den zahlreichen Verdammten, die die Unterwelt bevölkerten, seien hier drei erwähnt: Ein Typ namens Tityos, der alte Tantalos (der mit den gleichnamigen Qualen) und Sisyphos, der schlaueste Mensch der Welt.

Tityos, einer der Giganten, hatte sich unvorsichtigerweise an Leto, die Mutter von Apollon und Artemis, herangemacht. Von Hera – die auf Leto wegen einer alten Affäre mit Zeus eifersüchtig war – dazu angestiftet, die Göttin Leto »sexuell zu belästigen«, wollte Tityos gerade die Früchte seiner Annäherungsversuche genießen, als er von den Pfeilen der exzellenten Bogenschützen Apollon und Artemis, Letos Kindern, durchbohrt wurde.

So gelangte er in die Unterwelt, und dort, in den Tiefen des Tartaros angekommen, verurteilte man ihn dazu, die gleiche Strafe wie Prometheus abzubüßen: Er wurde angekettet und mußte sich jahrhundertelang von zwei Adlern die Leber herauspicken lassen.

Tantalos hingegen hatte ein besonderes Interesse an der Welt der High-Society. Er hatte gehört, daß die Götter (heute würde man »VIPs« sagen) auf dem Olymp residierten, und so kletterte er den Berg hinauf, um die berühmten Herrschaften einmal persönlich kennenzulernen. Und da Zeus an jenem Tag ausnahmsweise einmal gute Laune hatte, lud er den unerwarteten Gast dazu ein, zum Essen zu bleiben. Tantalos konnte sein Glück gar nicht fassen, und am nächsten Tag erzählte er allen Bekannten in seinem Heimatdorf begeistert von seinem Abenteuer.

»Hast du auch Aphrodite gesehen?« fragten sie.

»Na klar: Sie saß direkt neben mir am Tisch, und irgendwann hat sie mir sogar auf den Fuß getreten.«

»Und Hermes? Was ist das für ein Typ?«

»Ach, das könnt ihr euch gar nicht vorstellen. Ein Wahnsinnstyp«, antwortete Tantalos mit glänzenden Augen. »Bis zum Morgengrauen haben wir über Gott und die Welt geredet, so als würden wir uns schon seit Ewigkeiten kennen.«

Doch die Freunde glaubten Tantalos kein einziges Wort. Und so sah er sich gezwungen, noch einmal auf den Olymp zu klettern, wo er die Götter anflehte, ihm einen Gegenbesuch abzustatten und am nächsten Tag zum Abendessen zu kommen. Einige der Götter waren nicht abgeneigt, ja mehr noch, am folgenden Tag erschienen sie sogar so zahlreich bei Tantalos, wie dieser es selbst nie erwartet hätte. So hatte Mnemosyne zum Beispiel ihre Kinder, die neun Musen, mitgebracht, Eurynome ihre Töchter, die Grazien, und es wurde voller und voller. Irgendwann wurde Tantalos klar, daß er gar nicht genug zu essen im Haus hatte, und in seiner Verzweiflung fiel ihm nichts Besseres ein, als eins seiner vielen Kinder, Pelops nämlich, zu opfern und als Hauptgang auf den Tisch zu bringen.

Ein schwerer Fehler! Die Götter merkten sogleich, was man ihnen da vorsetzte, und schoben angewidert die Teller zurück (mit Ausnahme von Demter, die, zerstreut wie immer, an einer Schulter des Jungen nagte). Zeus machte sich sogleich daran, das Geschnetzelte wieder zusammenzusetzen, so daß Pelops bald schöner und stärker als je zuvor mit einer von Hephaistos gefertigten Prothese aus Elfenbein anstelle der angeknabberten Schulter ins Leben zurückkehrte. Und während der wiederbelebte Pelops zum Stammvater der Peloponnes wurde, fesselte man Tantalos zur Strafe in einem Sumpfgelände an einen Baum und verurteilte ihn dazu, bis in alle Ewigkeit Hunger und Durst zu leiden. Nur wenige Zentimeter von seinen Lippen entfernt wuchsen die saftigsten Früchte, doch sobald er zubeißen wollte, zogen sie sich zurück, genauso wie das Wasser des Sumpfes, das ihm bis übers Kinn reichte, sich aber sofort absenkte, wenn er zu trinken versuchte.

Der listige Sisyphos hingegen landete in der Unterwelt, weil er dem Göttervater Zeus bei einem geplanten Seitensprung einen Strich durch die Rechnung gemacht hatte. Sisyphos hatte nämlich erfahren, daß sich der göttliche Playboy in die schöne Aigina verguckt hatte. Das erzählte er ohne Umschweife deren Vater, dem Flußgott Asopos, um von diesem als Gegenleistung eine Quelle mitten im Stadtzentrum von Korinth zu erhalten. Zeus war außer sich vor Wut und beauftragte seinen Bruder Hades, Sisyphos in Ketten zu legen. Doch Sisyphos war schlau, und so bat er Hades vor dem Anketten, ihm den Mechanismus des Schlosses zu erklären. Hades kam der

Bitte bereitwillig nach und legte sich zu Demonstrationszwecken selbst in Ketten, woraufhin Sisyphos ihm den Schlüssel stahl. Der König der Unterwelt war gefangen, und von diesem Tage an konnte auf der Erde niemand mehr sterben. Sogar die Geköpften, so wird erzählt, lebten, wenn auch kopflos, weiter. Nach ungefähr einem Jahr entdeckte der Kriegsgott Ares, der unter der Situation besonders litt, das Gefängnis des Hades, tötete den listigen Sisyphos und schleifte ihn erneut in die Unterwelt.

Die Strafe, zu der er nun verurteilt wurde, auch als »Sisyphosarbeit« bekannt, sah vor, daß er einen Felsbrocken auf einen Berggipfel rollen mußte, der von dort jedesmal wieder zu Tal sauste, woraufhin der arme Sisyphos sich erneut ans Werk machen mußte – bis in alle Ewigkeit. Albert Camus ist der Meinung, daß Sisyphos' eigentliche Qual nicht darin bestand, den Felsbrocken auf den Berg schaffen zu müssen, sondern darin, ihn immer wieder bergab rollen zu sehen. Mit anderen Worten: Es ist nicht so sehr die Anstrengung, die den Menschen zur Verzweiflung bringt, sondern die Vergeblichkeit seines Tuns.

Hören wir nun, wie uns Homer in seiner *Odyssee* mit den Worten des Odysseus die Mythen von Tityos, Tantalos und Sisyphos erzählt:

»Auch den Tityos sah ich, den Sohn der gepriesenen Erde. Dieser lag auf dem Boden und maß neun Hufen

an Länge; und zwei Geier saßen ihm links und rechts und zerhackten unter der Haut ihm die Leber, und der Frevler konnte sie nicht verscheuchen: Entehrt hatte er Leto, des Zeus heilige Lagergenossin, als sie gen Pytho ging durch Panopeus' liebliche Fluren.

Auch den Tantalos sah ich, mit schweren Qualen belastet. Mitten im Teiche stand er, das Kinn von der Welle bespület, lechzte hinab vor Durst und konnte zum Trinken nicht kommen. Denn sooft sich der Greis hinbückte, die Zunge zu kühlen, schwand das versiegende Wasser hinweg, und rings um die Füße zeigte sich schwarzer Sand, getrocknet vom feindlichen Dämon. Fruchtbare Bäume neigten um seinen Scheitel die Zweige, voll balsamischer Birnen, Granaten und grüner Oliven, oder voll süßer Feigen und rötlich gesprenkelter Äpfel. Aber sobald sich der Greis aufreckte, die Früchte zu pflücken, wirbelte plötzlich der Sturm sie empor zu den schattigen Wolken.

Auch den Sisyphos sah ich, von schrecklicher Mühe gefoltert, einen schweren Fels mit großer Gewalt fortheben. Stemmend arbeitet er stark mit Händen und Füßen, ihn von dem Tal aufwälzend zum Berge. Doch glaubt er ihn fast schon auf dem Gipfel zu haben, da stürzt die Last um, und hurtig mit Donnergepolter entrollt der tückische Felsblock. Und von vorn arbeitet er, schwer stemmend, daß der Angstschweiß seinem Körper entfließt und Staub sein Antlitz umwölkt.«
(vgl. Homer, *Odyssee*, XI, 586 ff.)

Ein wichtiges Detail der Unterwelt sollten wir nicht vergessen, und zwar den Fluß Lethe (das griechische *lethe* bedeutet »Vergessenheit«), der gleich hinter dem Ausgang lag und von dessen Wasser jede Seele vor der Rückkehr zur Erde trinken mußte. Auf diese Weise sollte jede Erinnerung an das Vorleben getilgt werden. Platon erzählt darüber in seinem Werk *Der Staat* im Zusammenhang mit der Geschichte von Er.

Dann kamen alle Seelen durch Hitze und Qual in die Ebene der Vergessenheit, die entblößt war von Bäumen und allem, was die Erde trägt. Dort haben sie sich, da der Abend schon herangekommen, an dem Flusse Lethe sorglos gelagert, dessen Wasser kein Gefäß halten kann. Ein gewisses Maß nun von jenem Wasser war jedem notwendig zu trinken. Die Unvernünftigen tranken über das Maß, und wer dies Wasser getrunken hatte, vergaß alles.
(vgl. Platon, *Der Staat*, X, 621)

VII

Aphrodite

Als Kronos seinen Vater entmannte und die abgetrennte Männlichkeit des Gottes ins Meer warf, bildete sich darum ein weißer Schaum (auf griechisch *aphros*), der sich in ein wunderschönes Mädchen verwandelte: die göttliche Aphrodite. Es fällt schon schwer, die drastischen Begleitumstände der Geburt dieser Göttin der Liebe einfühlsam zu umschreiben. Viel schwerer aber ist es noch, sie bildlich darzustellen. So konnte auch Botticelli, als er im fünfzehnten Jahrhundert die *Geburt der Venus* zu malen hatte, natürlich kein zwei Meter langes männliches Glied auf die Leinwand bringen, das noch dazu in den Wellen hin und her schaukelte. Und so kam er auf den Gedanken, es mit einer anmutigen Muschel zu versuchen, die ihm als Sockel für die Göttin der Schönheit viel geeigneter schien. Hesiod hingegen hat den Geburtsvorgang ohne große Hemmungen beschrieben:

Da hob sich weißlicher Schaum aus dem unsterblichen Phallus, und es wuchs eine Jungfrau in ihm hervor, sie nahte der heiligen Insel Kythere erst, doch gelangte sie dann zum ringsumflossenen Kypros. Dort entstieg die Göttin, die hehre, herrliche, den Fluten, und Blüten sproßten unter den Schritten ihrer Füße, und Götter und Menschen nennen sie nun Aphrodite, weil sie aus Aphros, dem Schaume, aufwuchs, auch Kythereia, weil sie Kythere sich nahte, oder die Kyprosentstandene, weil entstiegen der Brandung von Kypros.
(vgl. Hesiod, *Theogonie*, 190 ff.)

Wie gesehen, war Aphrodites erste Lebensentscheidung schon ziemlich snobistisch: Sie verwirft die Insel Kythere an der Spitze der Peloponnes als zu klein für eine Göttin von ihrer Bedeutung und läßt sich weiter bis zur ruhmreichen Insel Kypros, Zypern also, treiben. Die Titanin Themis aber, die auf der Insel lebt, ist empört über die Nacktheit des Mädchens und schickt der Göttin ihre Töchter entgegen, die Horen, um sie von Kopf bis Fuß einkleiden zu lassen. Gleich darauf erscheint auch Eros, begleitet von der »Sehnsucht«, heißt sie auf der Insel willkommen und bringt der Göttin der Liebe gleich mal die wichtigsten Kniffe in der Kunst der Verführung bei, wobei ihm ein Schwarm turtelnder Tauben als Anschauungsmaterial dient.

Jungfräuliches Gekose und frohes Lachen und Arglist, süßes Ergötzen und Wonne und Liebe und schmeichelnde Milde.
(vgl. ebda., 205 ff.)

Aphrodites Ankunft auf der Erde scheint bei allen Lebewesen eine Wandlung in ihren Verhaltensweisen zu bewirken. Wo zuvor Krieg herrschte, regiert nun die Liebe:

Ihr gingen zur Seite schmeichelnde weiße Wölfe und freundlich spielende Löwen, Bären und Panther, immer lechzend nach Blut des Gewildes. Diese sah Aphrodite und freute sich herzlich des Anblicks. Süße Begierde erweckte sie bald in ihnen, und paarweis zogen sie alle kosend und suchten beschattete Höhlen.
(vgl. Homer, *Hymnus an Aphrodite*, 69 ff.)

In der Nähe der Stadt Paphos angelangt, betritt die Göttin einen Tempel, und ...

... die Grazien badeten sie und salbten der Göttin Leib mit göttlichem, lieblich duftendem Öle des Himmels, das den unsterblichen Göttern erhält die Blüte der Schönheit.
(vgl. ebda., 61 ff.)

Die wirksamste Waffe der Göttin war ihr Zaubergürtel. Dabei handelte es sich um ein seidenes Tuch, in das alle Zutaten der Verführung eingewebt waren. Jeder, der nur einen Blick darauf warf, verliebte sich auf der Stelle.

Sprach's und löste vom Busen den wunderköstlichen Gürtel,
Buntgestickt: dort waren des Zaubers Reize versammelt;
Dort war schmachtende Lieb' und Sehnsucht, dort das Getändel
und die schmeichelnde Bitte, die selbst den Weisen betöret.
(Homer, *Ilias*, XIV, 215 ff.)

Und so kam es, daß sie dank des Gürtels sowie ihrer betörenden Schönheit bald eine unermeßliche Macht über Männer wie Frauen erlangt hatte. Nur drei Göttinnen zeigten sich immun: Athene, die frigide war, Artemis, die unbedingt Jungfrau bleiben wollte, und Hestia, die zu sehr mit der Hausarbeit beschäftigt war, um an gewisse andere Dinge zu denken. Alle anderen aber verloren auf der Stelle den Kopf, wenn sie die Göttin der Liebe auch nur einen Moment anschauten, besonders Zeus, der Herrscher auf dem Olymp. Homer informiert uns in seinem Hymnus an die Göttin, daß ...

... selbst dem ruhmgekrönten Zeus, der sich seines Donners
freut, dem Vater der Götter und Menschen, dem größten, dem höchsten,
selbst ihm täuscht sie das weise Gemüt nach ihrem Gefallen
und bewegt ihn, daß er sterbliche Weiber umarme,
Hera, seiner Schwester und Gattin, die Liebe verhehlend.
(Homer, *Hymnus an Aphrodite*, 36 ff.)

Doch eines Tages rächt sich Zeus an der Liebesgöttin und zahlt es ihr mit gleicher Münze heim: Er sorgt dafür, daß sie sich in einen Sterblichen verliebt, in Anchises, den Vater von Äneas.

Süßes Verlangen erweckt' er im Herzen ihr nach Anchises,
der, an Schönheit den Göttern ähnlich, auf Idas Gebirgen
weidete Rinderherden an quellenströmenden Höhen.
Als ihn Aphrodite, die lieblich Lächelnde, schaute,
liebte sie ihn; es ergriff sie gewaltig das süße Verlangen.
(ebda., 53 ff.)

Der junge Anchises, der spätere König von Dardania, lag schlafend bei seiner Herde auf dem Berg Ida, als er plötzlich hörte, wie die Tür seiner Hütte geöffnet wurde. Er schrak auf und erblickte auf der Schwelle im schwachen Schein des Mondes die Umrisse einer Frau, die unter ihrem roten Gewand vollkommen nackt war. Verständlicherweise hielt es ihn keine Sekunde auf seinem Lager, er stürzte auf sie zu und versuchte, sie in die Hütte zu ziehen.

Doch Aphrodite warnte ihn sogleich, auch wenn sie nicht mit der ganzen Wahrheit herausrückte: »Sei auf der Hut, o Anchises«, sagte sie, »ich bin eine phrygische Prinzessin, und es könnte für dich einfachen Hirten gefährlich werden, mich zur Geliebten zu haben. Lernen wir uns doch lieber erst ein wenig besser kennen, und später ... mit der Zeit ...«

»Und wenn es meinen Tod bedeuten sollte«, antwortete Anchises, »ich will dich hier und jetzt!«

Gesagt, getan. Doch als die Göttin danach dem armen Anchises erzählte, wer sie wirklich war, erschrak er zutiefst und warf sich zu ihren Füßen nieder.

»Ich flehe dich an, o Göttin, töte mich nicht! Zeige Barmherzigkeit mit deinem armen Diener!«

»Keine Furcht, o Anchises«, beruhigte Aphrodite ihn. »Freue dich lieber, denn ich werde dir einen Sohn schenken, der dich berühmt machen wird. Nur um eins bitte ich dich: Erzähl niemandem, daß wir zusammen waren.«

Doch entgegen dem Grundsatz »ein Kavalier genießt und schweigt« ließ sich Anchises bei der erstbesten Gelegenheit über sein Abenteuer aus. Er saß in einer Taverne und hörte zufällig, wie jemand am Nebentisch damit prahlte, ein Mädchen kennengelernt zu haben, daß schöner als Aphrodite selbst sei. Worauf Anchises ihm entgegnete: »Ich habe mit beiden geschlafen, und ich kann dir sagen: kein Vergleich.«

Leider bekam nun Zeus Wind von der Sache, und voller Wut, vielleicht auch Neid, schleuderte er einen seiner gefürchteten Blitze auf Anchises nieder. Aphrodite schaffte es gerade noch, ihrem Liebhaber mit dem Zaubergürtel Deckung zu geben, so daß der Blitz Anchises nur streifte. Dennoch war der Schreck für ihn so groß, daß er davon gelähmt wurde.

Aphrodite möge mir verzeihen, aber man kommt nicht umhin zu sagen, daß sie wirklich mit jedem ins Bett ging. Aus der Schar ihrer Liebhaber seien hier erwähnt:

1. Hephaistos, der sie unbedingt heiraten wollte, obwohl er von ihrem freien Lebenswandel wußte (siehe dazu auch Kapitel XIV).

2. Ares, der Gott mit dem aufgerichteten Glied, der mit Aphrodite die drei Kinder Harmonia (Harmonie), Phobos (Furcht) und Deimos (Schrecken) zeugte.

3. Hermes, mit dem Aphrodite nur ein Kind hatte, halb Mann und halb Frau, das nicht zufällig Hermaphroditos genannt wurde.

4. Poseidon, der sie zur Mutter von Rhodos und Herophilos machte.

5. Dionysos, mit dem sie den berüchtigten Priapos zeugte, einen schrecklichen Säugling mit einem mächtigen Phallus (so eine Art Vorgänger des »alten Babys« in *Roger Rabbit*).

6. Der wunderschöne Adonis (seine Geschichte wird in den *Liebesmythen* ausführlich erzählt), der von einem Eber getötet wird, den der eifersüchtige Ares auf ihn gehetzt hat.

7. Der Argonaut Butes, mit dem sie nur geschlafen haben soll, um ihren Adonis eifersüchtig zu machen.

Unglaublich aber wahr, der einzige der leer ausging, war ausgerechnet Zeus, der unbestreitbar größte Schürzenjäger des Olymps. Dafür nutzte er aber Aphrodites wertvollen Ratschläge und magischen Künste (die berühmten »Aphrodisiaka«) dazu, Dutzende von Nymphen und Damen aus gutem Hause zu verführen.

Zahlreich sind die Beinamen, die der Göttin der Liebe gegeben wurden. Neben den schon erwähnten »Kythereia« und »Kypria« seien hier erwähnt: Aphrodite Urania (»die himmlische Liebe«), Aphrodite Pandemia (»die gemeine Liebe«) – von Platon in seinem Werk *Symposion* beschrieben –, dann Kalliglutos (»die mit dem schönen Gesäß«), Porne oder Hetaira (»die Hetäre«), Chryse (»die Güldene«), Anosia (»die Unheilige«), Ambologera (»die das Alter

Hinausschiebende«, Androphonos (»die Männermordende«), Pasiphaessa (»die weithin Leuchtende«) oder Ioloplokos (»die Ränkeschmiedin«).

VIII

Apollon

Apollon war kaum vier Tage auf der Welt, da verlangte er schon schreiend nach Pfeil und Bogen. Er wollte nämlich Python töten, eine riesige Schlange, deren einzige Schuld darin bestand, seiner Mutter Leto ein wenig zu nahe getreten zu sein. Aber was sollte man machen, so war er nun mal: Wenn ihm etwas gegen den Strich ging, schwoll ihm im Nu der Kamm. Ein falsches Lächeln, eine spitze Bemerkung, ein Wort zuviel... und zack, war Apollon mit der Todesstrafe bei der Hand. Neben Python können auch andere ein Lied davon singen: Tityos etwa (siehe Kapitel VI), oder Niobe (siehe Kapitel X), Marsyas, Leukippos, Thamyris, die Kyklopen und viele, viele andere, die das Pech hatten, ihm in die Quere zu kommen.

Python

In der Angelegenheit mit Python beschleicht einen als erstes die Frage, wie Apollon im Alter von nur vier Tagen eine Waffe handhaben konnte, die dreimal so groß war wie er selbst. Doch egal, für einen Gott ist eben nichts unmöglich, und so zwang er die Schlange, sich vor ihm in ihre Behausung, eine Höhle bei Delphi, zu flüchten, wo er sie dann, um es mit den Worten des Dichters Hyginus zu sagen *sagittis interfecit* (Hyginus, *Fabel*, 140).

Und dort bei Delphi, wo er Python getötet hatte, richtete er dann sein berühmtestes Orakel ein – noch heute ein beliebtes Ziel amerikanischer und japanischer Touristen –, wo eine Priesterin seines Vertrauens, folgerichtig Pythia genannt, knifflige Weissagungen machte.

Die Ermordung von Python stieß allerdings nicht auf einhellige Zustimmung. Besonders Gaia, die Mutter Erde, und Zeus machten Apollon heftigste Vorwürfe. Und zur Strafe verdonnerten sie ihn dazu, den Vorsitz bei den Pythischen Spielen, einer Art Olympiade *ante litteram*, zu übernehmen, die zum Andenken an die getötete Schlange abgehalten wurden. Wie man sich denken kann, scherte sich Apollon den Teufel um diese Aufgabe: Noch nicht einmal bei der Eröffnungsfeier ließ er sich sehen. Und zu seinem Fernbleiben befragt, antwortete er nur: »Python war ein Schurke, und sein Tod tut mir nur deshalb leid, weil ich so um das Vergnügen komme, ihn erneut mit Pfeilen zu durchbohren!«

Marsyas

Mit dem armen Marsyas sprang der Gott noch brutaler um. Die Geschichte begann damit, daß die Göttin Athene eines Abends bei einem Festmahl zu Ehren von Zeus unbedingt etwas auf der zweiröhrigen Flöte zum Besten geben wollte. Nach dem Vortrag applaudierten die versammelten Götter höflich, bis auf Hera und Aphrodite, die nur mit größter Mühe ein Lachen unterdrücken konnten.

»Was haben die dummen Gänse denn da wieder zu kichern?« fragte sich Athene, und es dauerte nicht lange, bis sie die Antwort darauf fand. Als sie am nächsten Tag nämlich an einem Flußufer auf ihrer Flöte spielte und dabei ihr Blick auf das Spiegelbild im Wasser fiel, bemerkte sie mit Entsetzen, daß sich beim Spiel ihre Wangen eindrucksvoller noch als bei Louis Armstrong aufblähten. Wutentbrannt warf sie das Instrument in hohem Bogen fort und verfluchte jeden, der es aufheben sollte.

Zu spüren bekam das Marsyas, ein Satyr, der zufällig des Wegs kam. Er entdeckte die Flöte im Gras und führte sie an die Lippen. Da begann das Instrument von allein zu spielen, und die Musik, die nun erklang, war so betörend schön, daß Marsyas ganz bezaubert davon war. Von morgens bis abends streifte er nun mit seiner Flöte durch die Felder Phrygiens, und egal wo er hinkam, lauschten alle begeistert seiner Musik. Die Menge verlangte Zugaben, und er gewährte sie ihr. Nun weiß man ja, wie solche Geschichten häufig enden: Der Erfolg steigt dem Gefeierten zu Kopf, und dann fällt leicht ein unbedachtes, überhebliches Wort. So erging es auch Marsyas. Immer öfter gab er nun ziemlich überhebliche Erklärungen ab, des Wortlauts, er spiele besser Flöte als Apollon selbst, oder auch, es gebe niemanden, der ihm auf der Flöte etwas vormachen könne. Diese Aussagen kamen dem Gott zu Ohren, der sich natürlich sogleich beleidigt fühlte und Marsyas auf den Olymp zitierte. »Die Musen sollen entscheiden, wer besser ist«, bestimmte er.

Die erste Runde ging unentschieden aus: Beide Vorträge wurden als vortrefflich eingestuft. Daher schlug Apollon vor, daß in der zweiten Runde die Instrumente umgedreht werden sollten, und da nun Marsyas' Flöte, im Gegensatz zu Apollons Leier keinen Ton mehr von sich gab, zog der Gott ihm zur Strafe bei lebendigem Leibe die Haut ab. Die Einzelheiten entnehmen wir Ovids Bericht:

Marsyas rief: »Ich bereue, ach, das Flötenspiel ist mir nicht so viel wert!« Und während er noch schrie, wurde ihm die Haut oben über die Glieder abgezogen, und alles war eine einzige große Wunde: Überall strömt Blut hervor, offen liegen die Sehnen da, und ohne Haut pulsieren die bebenden Adern.
(vgl. Ovid, *Metamorphosen*, VI, 386 ff.)

Thamyris

Ein anderes Opfer des jähzornigen Gottes war Thamyris, auch er Musiker und Sänger. Doch sein eigentliches Vergehen bestand nicht darin, göttergleich zu singen und zu spielen, sondern Hyakinthos den Hof gemacht zu haben. Der war ein wunderschöner Jüngling, auf den leider auch der göttliche Apollon ein Auge geworfen hatte.

Da dem Gott klar war, daß er sich auch alle Sympathien bei dem Jüngling verscherzen würde, falls er den Rivalen tötete, beschränkte er sich darauf, die Musen wissen zu lassen, daß da ein Liedermacher durch die Gegend zöge, der von sich behaupte, ein besserer Musiker als alle Musen zusammen zu sein. Praktisch wiederholte sich hier die Geschichte mit Marsyas, nur daß sich diesmal die Musen herausgefordert fühlten. Der Wettkampf wurde ausgetragen, der Musiker verlor natürlich und ...

... die zürnenden Musen straften mit Blindheit jenen, der geprahlt, diese zu übertreffen im Lied, und nahmen ihm den holden Gesang und die Kunst der tönenden Harfe.
(vgl. Homer, *Ilias*, II, 594 ff.)

Doch der Nordwind rächte Thamyris: Eines Tages, als Apollon gerade damit beschäftigt war, dem jungen Hyakinthos zu zeigen, wie ein Diskus richtig zu werfen sei, erfaßte eine Sturmbö das Sportgerät und lenkte es so unglücklich ab, daß es den schönen Jüngling im Nacken traf und ihm das Genick brach. Aus dem Blut des jungen Hyakinthos wuchs eine Blume, die seinen Namen trägt: die Hyazinthe.

Die Kyklopen

Zu Apollons Racheakten zählt auch die Tötung der Kyklopen, die nichts weiter verbrochen hatten, als vor langer Zeit einmal dem Göttervater Zeus Blitz und Donner geschenkt zu haben. Und das kam so: In Griechenland lebte zu jener Zeit ein hervorragender Arzt, ein gewisser Asklepios (Aesculapius bei den Römern), der dafür berühmt war, daß er wirklich jeden Patienten heilen konnte. Man erzählte sich sogar, daß er einen Toten wieder zum Leben erweckt und auf diese Weise dem Hades entwendet habe. Der Herrscher über das Totenreich war verständlicherweise nicht begeistert und beschwerte sich bei Zeus:

»Wie soll das noch weitergehen, mein Bruder? Es stirbt einfach niemand mehr«, sagte der Herrscher der Unterwelt kopfschüttelnd, »an manchen Tagen bringt Charon mir keine einzige Seele über den Fluß. Wir werden allmählich ungehalten hier unten, und all das nur wegen dieses verfluchten Arztes, dieses Asklepios, der nicht aufhören will, uns ins Handwerk zu pfuschen!«

Der Blitz des bestürzten Zeus traf Asklepios und erschlug ihn, doch Apollon, der Heilkünste Gott, erzürnt über diese Tat, tötete die Kyklopen, die einst den Blitz geschmiedet.
(vgl. Diodorus Siculus, *Historische Bibliothek*, IV, 71)

Das konnte Zeus seinerseits natürlich nicht so einfach hinnehmen, und so brummte er Apollon eine exemplarische Strafe auf: Ein Jahr lang sollte er bei König Admetos in Thessalien als Rinderhirt arbeiten, eine Aufgabe, der der Gott mit verblüffend großem Eifer nachkam. Böse Zungen begründen diese Tatsache damit, daß sich zwischen Apollon und Admetos zarte Bande entwickelt hätten. Doch wie dem auch sei, sicher ist, daß Herr und Knecht auch nach der Dienstzeit des Gottes Freunde blieben.

Daphne

Eines Tages übte sich Eros im Bogenschießen, als Apollon zu ihm trat und ihn aufzuziehen begann.

»O Jüngling, was hast du mit dem Bogen vor?« fragte Apollon lachend. »Gib's auf, Waffen gehören in die Hände derer, die sich damit auskennen, und wisse, daß ich selbst all meine Feinde mit Pfeilen und Wurfspießen beseitigt habe!«

»Mögen deine Pfeile alles treffen, Apollon«, antwortete Eros da, »meiner trifft dich.«

Aus dem Köcher, der die Pfeile barg, nahm er zwei Geschosse von entgegengesetzter Wirkung: Der eine vertreibt, der andere erregt Liebe. Der Pfeil, der Liebe erregt, ist vergoldet und hat eine blinkende, scharfe Spitze; der sie vertreibt, ist stumpf und trägt Blei unter dem Schaft.
(Ovid, *Metamorphosen*, I, 468 ff.)

Den ersten Pfeil, den, der die Liebe erregt, schoß er Apollon ins Herz, den zweiten Daphne, der Tochter des Peneios, und zwar genau in dem Moment, als sie sich zufällig über den Weg liefen. Ergebnis: Der Gott war entflammt wie selten zuvor, und die Jungfrau ergriff die Flucht.

Dann kam Apollon zu Ohren, daß er einen Nebenbuhler hatte, einen jungen Burschen namens Leukippos. Der Gott verfiel auf eine List und riet dem Jüngling, sich als Frau zu verkleiden, dann könne er sich stets ohne Aufsehen in der Nähe seiner Angebeteten aufhalten. Als nächsten Schritt brachte er Daphne und ihre Hofdamen dazu, nackt in einem Teich ein Bad zu nehmen, und dabei stellten die Jungfrauen natürlich voller Entsetzen fest, daß Leukippos ein Mann war, was den Ärmsten das Leben kostete. Die aufgebrachten Damen fielen über ihn her und prügelten ihn zu Tode.

Nachdem Apollon nun auf diese hinterhältige Weise seinen Nebenbuhler ausgeschaltet hatte, setzte er alles daran, den Widerstand der Nymphe zu brechen. Doch ohne Erfolg, was nicht allein daran lag, daß sie von Eros' die Liebe zurückweisendem Pfeil getroffen worden war, sondern auch an ihrem festen Vorsatz, sich ihre Jungfräulichkeit zu bewahren.

Sie hat nur Freude an Schlupfwinkeln im Wald und an Fellen gefangener Tiere; so eifert sie der unverheirateten Diana nach. Eine Binde umschloß das ungeordnet herabwallende Haar. Viele warben um sie. Sie aber verschmäht alle Freier, hat keinen Mann und will von keinem wissen, streift durch unwegsames Gehölz und fragt nicht nach Hymen, Amor und Ehe.
(ebda., I, 475 ff.)

Apollon ließ nichts unversucht, um sie zu erweichen. Mal voller Stolz, indem er sie zum Beispiel anfuhr: »Was fällt dir ein, davonzulaufen? Du weißt wohl nicht, wer ich bin!« Oder genauer: »*Nescis, temeraria, nescis quem fugias ideoque fugis!*«, das heißt: »*Du weißt nicht, Unbesonnene, du weißt nicht, vor wem du fliehst, und nur darum fliehst du!*«
Andere Male ganz zärtlich flehend:

»*Nymphe, Peneiostochter, bitte bleib stehen! Ich folge dir nicht als Feind. Nymphe, bleib stehen! So flieht das Lamm vor dem Wolf, die Hirschkuh vor dem Löwen, so fliehen vor dem Adler die Tauben mit ängstlich schlagenden Flügeln – ein jedes vor seinem Feind. Doch Liebe ist der Grund, warum ich dich verfolge. Weh mir! Stürz nicht vornüber und laß die Dornen nicht deine Schenkel ritzen, die keine Verwundung verdienen. Ich will dir keinen Schmerz zufügen. Lauf, bitte, langsamer und zügle deine Flucht! Auch ich will dich langsamer verfolgen.*«
(vgl. ebda., I, 504 ff.)

Doch es war alles vergebliche Liebesmüh. Als der Gott die Jungfrau endlich erreicht hatte, flehte sie zu ihrem Vater, dem Flußgott Peneios:

»*Vater, komm mir zur Hilfe. Sofern ihr Flüsse göttliche Macht besitzt, zerstöre durch eine Verwandlung*

diese Gestalt, durch die ich allzu sehr gefiel!« Kaum hat sie ihr Gebet beendet, da kommt über ihre Glieder eine lastende Starre. Um die zarte Brust legt sich dünner Bast. Das Haar wächst sich zu Laub aus, die Arme zu Ästen; der eben noch so flinke Fuß haftet an zähen Wurzeln, das Gesicht hat der Wipfel verschlungen: Allein der Glanz bleibt ihr. Auch so liebt Apollon sie noch.
(vgl. ebda., I, 546 ff.)

Kurzum, sie verwandelte sich unter Apollons Händen in einen Lorbeerbaum. Und da er sie nun nicht mehr besitzen konnte, tröstete er sich mit dem Beschluß, daß von jenem Tage an Zweige dieses Baumes alle Helden und Siege bekränzen sollten.

IX

Ares

Körperbau à la Rambo, Schurkengesicht à la Jack Palance, da hätten wir ihn: Ares, den Kriegsgott (Mars bei den Römern). Wenn irgendwo ein Krieg stattfand, hielt er sich an eine strenge Neutralität, denn das einzige, was ihn interessierte, war die Zahl der Opfer. Je mehr es waren, desto glücklicher war er. Meines Wissens war Ares nur einmal gezwungen, sich zu einer bestimmten Seite zu bekennen, und zwar während des Troianischen Krieges, als alle Götter, wie in der *Ilias* beschrieben, Partei ergriffen. Während sich Hera, Hephaistos, Athene, Hermes und Poseidon auf die Seite der Achäer schlugen, verteidigten Ares und Aphrodite gemeinsam mit den Geschwistern Apollon und Artemis die Sache der Troer.

So dort gegeneinander empörten selige Götter beide Heere, und entflammten zerschmetternden Streit der Vertilgung. Es schrie Athene, stehend bald an der Tiefe

des Grabens außer der Mauer, bald an des Meeres weithallendem Strand scholl mächtig ihr Anruf. Ihr brüllte Ares entgegen, dem düsteren Sturme vergleichbar, laut von der obersten Höhe der Stadt die Troer ermunternd, bald am Simoeis laufend umher auf Kallikolone.
(vgl. Homer, *Ilias*, XX, 48 ff.)

Kaum zu glauben, aber ausgerechnet Ares, der im bewaffneten Kampf erfahrenste Gott, zog bei dieser Gelegenheit den Kürzeren: Er schlug sich mit Athene, und nach weniger als einer Minute lag er schon k. o. am Boden, die »*Glieder gelöst*«, die Stirn blutend und die weit aufgerissenen Augen gen Himmel gerichtet.

Doch Athene wich und erhob mit nerviger Rechten den Feldstein, der dort lag im Gefilde, den dunklen, rauhen und großen. Hiermit traf sie des Wüterichs Hals und löst' ihm die Glieder. Sieben Hufen bedeckt' er im Fall und bestäubte das Haupthaar; und ihn umklirrte das Erz. Da lächelte Pallas Athene, und mit jauchzendem Ruf die geflügelten Worte begann sie: »Törichter, nie wohl hast du bedacht, wie weit ich an Kraft dir vorzugehn mich rühme, da mir voll Trotz du begegnest.«
(vgl. ebda., XXI, 403 ff.)

Aphrodite ist es dann, die den Kriegsgott mit ihren Liebeskünsten wieder ins Leben zurückbringt. Im Gegensatz zu ihr scheint Homer wenig für Ares übrig zu haben. Bei jeder Gelegenheit läßt er ihn schlecht aussehen und schildert ihn uns als ewigen Verlierer, der unausweichlich gegen andere Götter und sogar gegen Sterbliche den kürzeren zieht. So trifft ihn Diomedes mit seiner Lanze im Unterleib und läßt ihn vor Schmerz aufschreien.

Dorthin traf und zerriß ihm die schöne Haut Diomedes,
 Zog dann die Lanze zurück. Da brüllte der eherne Ares,
 Wie wenn zugleich neuntausend daherschrien, ja zehntausend
 Rüstige Männer im Streit, zu schrecklichem Kampf sich begegnend.
 Rings nun erbebte das Volk der Troer umher und Achaier,
 Voll von Angst; so brüllte der rastlos wütende Ares.
(vgl. ebda., V, 858–861.)

Und dann erst die Schmach, die ihm Otos und Ephialtes zufügen! Die beiden, Söhne des Aloeus, waren furchterregende Zwillingskinder, die mit ihren neun Jahren schon zweieinhalb Meter maßen und von der fixen Idee besessen waren, die Göttinnen Artemis und

Hera zu vergewaltigen. Angesichts der Tatsache, daß sie jeden Monat noch um zehn Zentimeter wuchsen, wurden sie zu einer immer größeren Gefahr für die Götter.

Als erstes nahmen sie Ares gefangen und sperrten ihn in einen bronzenen Krug ein. Dann machten sie sich an den Aufstieg auf den Olymp, wobei sie unflätige, an die Götter gerichtete Worte brüllten, die man an dieser Stelle gar nicht wiedergeben kann. Die Götter ergriff Panik, und so suchten sie sich mit den beiden schrecklichen Kindern zu einigen: Sie waren sogar bereit, die Artemis nackt und wehrlos herauszugeben, wenn die beiden dann den Rückzug antraten. Nach einigem Hin und Her willigten die Zwillinge ein. Doch bei Ephialtes hinterließ der Kompromiß einen bitteren Nachgeschmack: Schließlich enthielten die Götter ihm Hera vor, auf die er es eigentlich abgesehen hatte.

»Gut, wenn nur Artemis verfügbar ist«, rief er wütend zu den Göttern hinauf, »soll der sie bekommen, der sie als erster mit seinem Wurfspieß trifft!«

Doch Artemis räumte sie beide mit einer List aus dem Wege; sie verwandelte sich nämlich in eine Hirschkuh und sprang mitten zwischen ihnen durch. Beide hatten zugleich auf das Tier geschossen und durchbohrten sich so gegenseitig mit ihren Wurfspießen.
(vgl. Apollodor, *Mythologische Bibliothek*, I, 7 4)

Nun galt es noch, dem armen Ares aus seiner Notlage zu helfen, was aber nicht so einfach war. Erst nach dreizehn Monaten entdeckte ihn Hermes und konnte ihn aus dem Bronzekrug befreien. Der Kriegsgott stieß sogleich die wüstesten Drohungen gegen die Zwillinge aus und beruhigte sich erst wieder, als man ihm versicherte, daß die beiden schon längst im finstersten Verlies der Unterwelt, Rücken an Rücken aneinandergekettet, verschwunden waren.

Von den nahen und fernen Verwandten des Ares seien hier nur seine Schwester Eris erwähnt, die Göttin der Zwietracht (eben jene, deren Apfel-Intrige den Auftakt zum Trojanischen Krieg bildet), sowie seine beiden Söhne Phobos (Furcht) und Deimos (Schrecken), die ihm stets in der Schlacht vorangingen. Es ist schon bemerkenswert, daß für die Griechen deren Schwester Harmonia aus der Verbindung zwischen Aphrodite und Ares hervorgegangen ist. So als wollten sie damit betonen, daß sich im Leben das rechte Gleichgewicht nur dann einstellt, wenn beide Komponenten, Krieg *und* Liebe, zusammenwirken.

X

Artemis

Wenn wir jetzt auf Artemis (bei den Römern heißt sie Diana) zu sprechen kommen, sollten wir uns jedes Wort genau überlegen. Sonst könnte es gefährlich werden. Artemis war die humorloseste Göttin des ganzen Olymps und damit auch die rachsüchtigste. Ihr ganzes Leben brachte sie damit zu, sich für tatsächliche oder vermeintliche Beleidigungen zu revanchieren. Sie litt unter heftigem Verfolgungswahn, was die drei folgenden Episoden eindrucksvoll belegen.

Da war einmal die Geschichte mit Niobe. Was die arme Frau und vielfache Mutter nun so Beleidigendes gesagt hatte, um in der Göttin maßlose Wut zu entfachen, ist bis heute nicht geklärt. Sie soll, aber das ist nicht sicher, während einer Opferfeier an Leto gewandt (Latona bei den Römern), die Mutter von Artemis und Apollon, ausgerufen haben:

*»Warum nur wird Latona an vielen Altären verehrt,
da niemand mir für meine große Kinderschar Ehre erweist?
Dabei hat Latona nur zwei Kinder, den siebten
Teil dessen, den mein Leib gebar.«*
(vgl. Ovid, *Metamorphosen*, VI, 171 ff.)

Die Unglückliche hatte noch nicht zu Ende gesprochen, da spannten die Kinder der Leto, Apollon und Artemis, schon die Bogen, um Niobes stolze Kinderschar zu dezimieren: Der Gott beseitigte alle Söhne, die Göttin alle Töchter. Niobe selbst gegenüber zeigten sich die Götter dann jedoch gnädig und verwandelten sie lediglich in einen Fels, in dessen Gestalt die arme Mutter viele Tränen um ihre vierzehn Kinder vergoß. Ihr Schriftsteller Pausanias behauptet, Niobe während einer Reise durch Attika gesehen zu haben.

*Als ich den Berg Sipylos erstieg, habe ich Niobe selbst
gesehen; von nahem ist sie ein Fels und eine steile
Wand, die den Anwesenden keinerlei Figur einer Frau
darstellt, weder überhaupt, noch einer trauernden; sobald
man aber entfernter ist, glaubt man eine weinende
und niedergeschlagene Frau zu sehen.*
(vgl. Pausanias, *Reisen in Griechenland*, I, 21, 3.)

Die Geschichte von Orion reiht sich ein in die übliche Praxis sexueller Belästigungen, wie sie bei den Göttern der griechischen Mythologie so beliebt waren. Doch der Reihe nach. Es wird erzählt, daß Zeus, Hermes und Poseidon eines Tages in Menschengestalt bei einem armen Bauern namens Hyrieus aufgetaucht seien und um ein Nachtlager gebeten hätten.

»Sei gegrüßt, Hyrieus«, sprach Zeus, indem er den Kopf zum Fenster hereinstreckte. »Wir sind drei Wanderer auf der Suche nach einer Bleibe für diese Nacht. Doch mußt du wissen, daß wir nichts besitzen, was wir dir dafür geben könnten.«

»Mein Haus ist klein und ärmlich«, antwortete Hyrieus, »mehr als ein Dach über dem Kopf und ein wenig Stroh für die Nacht kann ich euch nicht anbieten. Doch wenn ihr damit zufrieden seid, so tretet ein.«

Am nächsten Morgen zeigten sich die Götter vor dem armen Mann in ihrer ganzen Pracht und fragten ihn, wie sie ihn für seine Gastfreundschaft belohnen könnten.

»Egal, was es ist, o Hyrieus, du wirst es bekommen.«

»Also, wenn ich ganz ehrlich sein soll«, begann der Bauer mit vor Aufregung zitternder Stimme, »wünsche ich mir einen Sohn, ohne deswegen aber die Last auf mich nehmen zu müssen, ständig eine Ehefrau im Haus zu haben.«

»Kein Problem«, antworteten die Götter zugleich und begannen, alle drei mitten in der Hütte auf eine Stierhaut zu urinieren. Aus dem göttlichen Urin aber erwuchs ein wunderschöner Jüngling, dem der Name Orion gegeben wurde.

Bald schon erwies sich das Kind als vorzüglicher Jäger, dem in dieser Kunst niemand gleichkam. Doch leider begnügte sich der junge Mann nicht mit Hirschen und Wildschweinen, sondern stellte bald auch den Frauen nach, was Artemis, der göttlichen Jungfrau und leidenschaftlichen Feministin, nicht gefallen konnte.

Von seinen zahlreichen Eroberungen (Side, Merope, Opis usw.) sei besonders Eos erwähnt, die Göttin der Morgenröte, die sich dem unermüdlichen Begatter auf der Insel Delos hingab, dem heiligen Ort des Apollon und der Artemis. Übrigens soll Aurora in der Erinnerung daran noch heute erröten.

Noch nicht satt von diesen Erfolgen, wagte es Orion, ein Auge auf die Göttin Artemis selbst zu werfen. Lange verfolgte er sie durch die Wälder und Gebirge Griechenlands, begleitet von seinen Hunden Sirius und Prokyon, bis er sie eines Abends in der Nähe von Ortygia schnappte und zu Boden warf. Doch gerade, als er die ach so süße Frucht pflücken wollte, rief Artemis den Skorpion zu Hilfe, der dem Jüngling in den Fuß stach und seinem Treiben ein für allemal ein Ende machte.

Die Götter im Olymp aber, die sich von großen Liebesdramen leicht rühren ließen, setzten alle Beteiligten als Sterne oder Sternbilder ans Himmelsgewölbe: Orion gut sichtbar in die Mitte und dahinter die Hunde Sirius und Prokyon. Um hingegen den Skorpion sehen zu können, muß man die letzten Stunden der Nacht abwarten, wenn er, vorgereckt, um in den Fuß des Jägers zu stechen, am Horizont auftaucht.

Tragischer noch ist aber die Geschichte des armen Aktaion, auch er ein exzellenter Jäger. Er besaß fünfzig ihm treu ergebene Jagdhunde von seltener Schönheit, hatte aber leider das Pech, Artemis nackt zu sehen, während sie unter der Dusche stand. Und der Göttin reichte schon sehr viel weniger für ein Todesurteil. Das Mißgeschick ereignete sich in einem Tal, das Gargaphië genannt wurde.

Hier pflegte die Göttin der Wälder, vom Jagen ermattet, ihre jungfräulichen Glieder mit klarem Tau zu übergießen. Dort eingetreten, übergab sie einer der Nymphen, ihrer Waffenträgerin, den Wurfspieß, den Köcher und den entspannten Bogen; eine andere fing mit den Armen das abgestreifte Kleid auf; zwei andere lösen ihr die Schuhriemen. Crocale, die Tochter des Ismenus, ist geschickter als die übrigen und schürzt das Haar, das der Göttin lose in den Nacken fällt.
(Ovid, *Metamorphosen*, III, 163 ff.)

Nun könnte man fragen: War Aktaion ihr vielleicht eigens gefolgt, um sie nackt sehen zu können? Hatte er sie heimlich beobachtet? Nichts von all dem! Der Ärmste, um es mit Ovid zu sagen, »durchstreift mit zögernden Schritten den unbekannten Wald und gelangt in jenes Gehölz. So führte ihn das Verhängnis« (vgl. ebda., III, 175ff.)

Artemis verwandelte ihn in einen Hirsch und hetzte dann seine eigenen Hunde auf ihn.

Furcht gab sie ihm auch noch ein, daher flüchtete der Held, und mitten im Lauf wunderte er sich über die eigene Schnelligkeit. Doch sobald er Gesicht und Geweih im Wasserspiegel erblickte, wollte er sagen: »Wehe mir!«, doch die Stimme gehorchte ihm nicht. (vgl. ebda., III, 198ff.)

Natürlich erkannten ihn seine Hunde in Hirschgestalt nicht, stürzten sich auf ihn und zerfleischten ihn. Danach wollten sie ihrem Herrn stolz die Beute zeigen, konnten ihn aber nirgends mehr finden. Da begannen sie zu jaulen, so laut und so jammervoll, daß der Kentaure Chiron irgendwann Mitleid mit ihnen hatte und eine Statue nach dem Bild ihres Herrn Aktaion für sie modellierte.

XI

Athene

Wenn man mit einem Helm auf dem Kopf und Schild und Lanze in Händen zur Welt kommt, kann man unmöglich einen sanften Charakter haben, und eben auf diese Weise wurde Athene geboren, die intelligenteste aller Göttinnen, und vielleicht auch aller Götter.

Ihre Geschichte beginnt mit einem der üblichen sexuellen Übergriffe von seiten Zeus', dem diesmal die süße Metis, eine Göttin aus der ersten Generation, Tochter von Okeanos und Tethys, zum Opfer fiel.

Zu jener Zeit war der künftige Göttervater noch Junggeselle und als solcher eine noch größere Gefahr für alle weiblichen Wesen, die ihm über den Weg liefen.

Eines Tages beobachtete er Metis, die nackt in einem Teich ein Bad nahm, und war nicht mehr zu halten. Zu seiner Ehrenrettung muß gesagt werden, daß er, als die Dame danach schwanger wurde, immerhin so anständig war, ihr die Ehe anzubieten. Doch dazu kam es nicht, weil seine Großeltern Uranos und Gaia in ihm die Befürchtung weckten, daß ihn dieses mit Gewalt gezeugte Kind später sicher einmal vom Thron stoßen würde. Das Risiko erschien Zeus dermaßen groß, daß er nicht zögerte, das Problem gemäß einer alten Familientradition zu lösen, das heißt, indem er Metis eines Abends zum Nachtmahl verspeiste.

Zeus, der König der Götter, erwählte als erste Gemahlin Metis, die weiseste unter den Göttern und sterblichen Menschen. Als ihr aber bestimmt, die augenleuchtende Pallas zu gebären, da täuschte mit List und schmeichelnden Worten Zeus die Göttin und barg sie selbst im eigenen Leib, Gaias Rat gemäß und dem des sternigen Himmels.
(vgl. Hesiod, *Theogonie*, 886 ff.)

Sei es, daß Metis schwer verdaulich war, sei es, daß Zeus sie zu schnell hinuntergeschluckt hatte, jedenfalls bekam er nach zehn Minuten fürchterliche Kopfschmerzen. Dank wirksamer Schmerzmittel haben für uns Kopfschmerzen heute ebenso wie Zahnschmerzen viel von ihren Schrecken verloren. Aber bis vor wenigen Jahrzehnten noch müssen solche Schmerzen eine sehr leidvolle Erfahrung gewesen sein.

So auch für Zeus, dem die Schmerzen fast den Verstand raubten. Schließlich war er dermaßen verzweifelt, daß er den erstbesten, der gerade des Wegs kam (manche sprechen von Prometheus), anflehte, ihm den Schädel zu spalten. Gesagt, getan. Und so wurde Athene geboren, aus dem Haupte des Zeus, in voller Rüstung, mit funkelndem Helm und blitzender Lanze, als wolle sie geradewegs an einer Militärparade teilnehmen. Der Dichter Pindar erzählt, Athene habe einen solch ohrenbetäubenden Schrei von sich gegeben, als sie zu Boden sprang, »*daß der Himmel sich entsetzte und die Mutter Erde*« (Pindar, *Siebte Olympische Ode*, 38) – ähnlich vielleicht dem Kampfgeschrei einer Karatekämpferin.

Zu Athene zirkulieren zahllose bezeichnende Anekdoten. Als die Göttin zum Beispiel eines Tages am Trojanischen Krieg teilnehmen wollte, gedachte sie, zuvor in Hephaistos' Werkstatt vorbeizuschauen, um sich eine schöne Rüstung schmieden zu lassen. Doch Poseidon, der davon Wind bekommen hatte und der Kollegin einen Streich spielen wollte, suchte den göttlichen Schmied zehn Minuten früher auf und erzählte ihm, daß Athene bis über beide Ohren in ihn verliebt sei. Das mit der Rüstung, erklärte er, sei nur ein Vorwand und der eigentliche Grund ihres Besuches ihre übergroße Wollust. Und so kam es, daß der sonst eher schüchterne Hephaistos seinen Trieben freien Lauf ließ und sogleich über die streitbare Göttin herfiel. Da war er aber an die falsche geraten, auch wenn Athene nicht ganz so gnadenlos wie Artemis war und es bei einer Flut von Beschimpfungen bewenden ließ.

In der *Mythologischen Bibliothek* von Apollodor lesen wir, daß aus Hephaistos' Annäherungsversuch dennoch ein Kind entstand, das Erichthonios genannt wurde:

Athene kam zu Hephaistos, um Waffen bei ihm zu bestellen. Da ergriff ihn, der gerade von Aphrodite verlassen worden war, wollüstiges Verlangen nach Athene, und er fing an, ihr nachzulaufen, worauf sie entfloh. Als er sie jedoch mit Not, weil er lahm war, erreicht hatte, machte er einen Versuch, sie zu umarmen. Sie aber, eine reine züchtige Jungfrau, duldete es nicht. Dennoch befleckte er die Göttin am Bein. Von Ekel ergriffen nahm sie ein Stück Wolle, wischte sich ab und warf's auf den Boden. Jetzt ergriff sie die Flucht, und aus dem zu Boden Geworfenen entstand Erichthonios.
(vgl. Apollodor, *Mythologische Bibliothek*, III, 14 6)

Athene fühlte sich allen anderen Göttern überlegen, und wahrscheinlich war sie das auch. In ihr vereinigten sich Kraft und Intelligenz, und so gab es niemanden, weder Gott noch Sterblichen, der nicht einen ungeheuren Respekt vor ihr gehabt hätte. Nur bei einer Gelegenheit ließ sie sich gehen, und das geschah vor Arachne, der Prinzessin von Colophon, die eine Meisterin in der Webkunst war. Das Werk, das diese bei einem Web-Wettbewerb mit der Göttin vorlegte, ein

Tuch mit zahlreichen eingewebten erotischen Darstellungen, war so schön, so vollendet schön, daß die Göttin, so sehr sie sich auch mühte, nicht den kleinsten Fehler darin entdecken konnte.

Nicht einmal Pallas, nicht einmal der Neid selbst konnte dieses Werk tadeln. Dieser Erfolg schmerzte die blonde Heldenjungfrau, und sie zerriß das bunte Gewebe, das Sündenregister der Himmlischen. Mit dem Weberschiffchen vom Berg Cytorus, das sie gerade in der Hand hielt, schlug sie drei-, viermal Arachne an die Stirn.
(vgl. Ovid, *Metamorphosen*, VI, 131 ff.)

Diese Beleidigung nahm sich Arachne derart zu Herzen, daß sie sich am nächstbesten Balken aufhängte. Doch die Göttin stürzte hinzu und konnte sie gerade noch rechtzeitig retten, verwandelt sie dann aber in eine Spinne, das Tier, das sie am meisten verabscheut.

»Spinn ruhig weiter«, sagte sie zu ihr, »wenn dir soviel daran liegt. Doch vergiß nie, daß ich dich von nun an jedes Mal, wenn ich dich sehe, zertreten werde.«

XII

Demeter

Demeter (die »Ceres« der Römer), die Herrin der Weizenfelder, war eine Tochter von Kronos und Rhea und von daher auch eine Schwester von Zeus. Um es gleich vorwegzunehmen: diese Göttin gehörte nicht zu den Superstars des Olymps. Sie war weder so schön wie Aphrodite noch so intelligent wie Athene oder so beherzt und unerschrocken wie Artemis. Dennoch ließ sie nicht alles mit sich machen. Sie konnte ganz schön dickköpfig sein, und wenn sie glaubte, ein Unrecht erlitten zu haben, ließ sie das nicht auf sich sitzen.

Mit dem Bruder Zeus hatte sie eine Tochter, Kore, die später Persephone genannt werden sollte. Hesiod erwähnt auch einen Sohn mit Namen Plutos, was soviel wie »Reichtum« bedeutet, den sie auf einem Acker mit dem Giganten Iasios gezeugt haben soll: Eine leicht zu durchschauende Allegorie, aus der die Überzeugung der Griechen spricht, daß die einzig wahre Quelle des Reichtums der Ackerbau sei.

Für Demeter fing der Ärger an, als Onkel Hades ihre Tochter Kore raubte. Das war sicherlich kein schöner Zug von ihm, aber andererseits sollte man auch ein wenig Verständnis für ihn haben. Versetzen wir uns doch einmal in seine Lage: Durch das Los war ihm das Reich der Unterwelt zugefallen, und es fand sich einfach keine Göttin oder Nymphe, nicht einmal aus zweiter Hand, die bereit gewesen wäre, mit ihm in der Hölle zu leben. Und das trotz der Aussicht, Königin zu werden.

Und so schildert uns Homer den Tathergang:

Persephone, der Demeter Tochter mit den schlanken Füßen, spielte mit des Okeanos üppigen Töchtern und pflückte Blumen, Violen, Rosen und Krokos, auf der Wiese so weich, und Lilien und Hyazinthen und Narzissen. Die ließ, um die rosige Jungfrau zu täuschen, Mutter Erde sprossen auf Zeus' Befehl, dem großen Hades zulieb. Aus den Blumen quoll der Duft so süß, daß oben der breite Himmel lachte, die Erde, die salzigen Fluten des Meeres, und staunend suchte die Jungfrau mit beiden Händen das schöne Spiel zu ergreifen. Da klaffte urplötzlich gähnend die Erde, und daraus stürmte der große Hades mit den unsterblichen Rossen und raubte, so sehr sie sich sträubte, die Jungfrau und führte auf goldnem Wagen die Jammernde fort. Sie schrie mit gellender Stimme und rief den Vater Zeus um Hilfe. Aber keiner der Götter und keiner

der sterblichen Menschen hörte ihr Schrein. Nur Hekate, die heitre im glänzenden Schleier, hörte wohl tief in der Grotte ihr Rufen, Helios auch, der Herrscher, der leuchtende Sohn Hyperions.
(vgl. Homer, *Hymnus an Demeter*, 2 ff.)

Wir können uns Demeters Kummer vorstellen, als die Tochter nicht vom Spielen nach Hause zurückkehrte.

Schneidender Jammer durchfuhr ihr Herz, schon riß sie mit ihren beiden Händen die Binden von ihren unsterblichen Locken, ihre Schultern umwarf sie mit einem dunklen Schleier, und wie ein Vogel eilte sie über Wasser und Festland dahin, die verlorene Tochter suchend. Doch mochte ihr keiner die Wahrheit verkünden, kein Gott und kein sterblicher Mensch, auch kein Vogel nahte als wahrheitskündender Bote. Neun Tage lang durchirrte die Göttin rings die Erde und hielt in den Händen brennende Fackeln.
(vgl. ebda., 40 ff.)

Irgendwann trifft Demeter dann auf ihrer Suche die Göttin Hekate, die ihr erzählt, in der Ferne Persephones verzweifelte Schreie vernommen zu haben.

»Deine Tochter ist entführt worden«, flüstert sie ihr ins Ohr.
»Von wem?«
»Von Hades.«

»Unmöglich! Du lügst! Hades ist doch mein Bruder. Und das würde er mir niemals im Leben antun.«

»Hat er aber. Und wenn du mir nicht glaubst, so frag doch Helios. Der hat hoch oben am Himmel alles gesehen und wird sich noch gut daran erinnern.«

Vom Schmerz zerrissen eilt die arme Frau zu ihrem Bruder Zeus auf den Olymp und fleht ihn an, ihr die Tochter wiederzugeben. Doch der Göttervater ist unentschlossen. Schließlich kann auch Hades einleuchtende Gründe vorbringen. »Ihr habt gut reden, du Zeus, und auch du, Poseidon«, hatte er noch ein paar Tage zuvor zu ihm gesagt, »ihr habt euch den Himmel beziehungsweise das Meer unter den Nagel gerissen und dürft euch nun zwischen Göttinnen und Nymphen von erlesener Schönheit tummeln. Und ich? Was ist mit mir? Ich muß dort unten in den finsteren Verliesen der Unterwelt leben, wo man einfach keine attraktiven Frauen kennenlernen kann, nur solche ohne Körper und mit Leidensmienen. Aber auch ich habe das Recht auf eine Gemahlin!«

Zeus sieht das Problem. Aber was soll er tun? Einerseits will er sich seine Schwester Demeter nicht zur Feindin machen, andererseits kann er aber auch dem Bruder nicht die einzige Frau wieder fortnehmen, an die dieser, auf welche Weise auch immer, endlich herangekommen ist.

Zeus überlegt hin und her und schickt dann Hermes, seinen Boten, mit dem Auftrag los, Hades dazu zu bewegen, sich eine andere, weniger umstrittene Frau zu suchen. Der Herrscher der Unterwelt erklärt sich überraschenderweise sofort einverstanden. Als Hermes wieder fort ist, ruft er Persephone zu sich und sagt zu ihr:

»Eile, o Persephone, zur dunkelgekleideten Mutter, sänftige in der Brust dein Herz und deine Gesinnung. Doch bedenke: Ich bin dir unter den Göttern doch kein unwürdiger Gatte, ich, der leibliche Bruder deines Vaters Zeus.«
(vgl. ebda., 360 ff.)

Und zum Zeichen seines guten Willens reicht er ihr einen süßen, schmackhaften Granatapfel, wohlwissend, daß sie, wenn sie nur einmal von dieser Frucht der Unterwelt gegessen hat, nie wieder zur Erde zurückkehren kann. Und als dann Zeus den Befehl gibt, das Mädchen zu seiner Mutter zurückzubringen, meldet sich plötzlich Askalaphos, der Gärtner der Höllengärten, zu Wort und meint: »O großer Zeus, höre mich an, ich habe gesehen, wie Persephone sieben Granatapfelkerne geknabbert hat.«

So fällt also die geplante Übergabe doch noch ins Wasser, und Zeus muß sich einen neuen Kompromiß überlegen. Er legt fest, daß das Mädchen acht Monate im Jahr bei der Mama und vier Monate bei ihrem Gatten leben soll.

Mit dieser Entscheidung war Demeter aber überhaupt nicht glücklich und ließ in den vier Monaten, wenn die Tochter in der Unterwelt war, auch kein noch so kümmerliches Pflänzlein wachsen. Das war der Ursprung des Winters.

Den Gärtner Askalaphos aber verwandelte Demeter in eine Schleiereule, damit er nicht mehr auf die Idee kommen sollte, den Denunzianten zu spielen.

XIII

Dionysos

Es gibt, meint Nietzsche, zwei Sorten von Menschen auf der Welt, die dionysischen und die apollinischen. Um herauszubekommen, zu welcher Sorte wir gehören, brauchen wir uns nur zu fragen, wovon wir uns bei unseren Entscheidungen leiten lassen, vom Instinkt oder der Vernunft. Manchmal reicht es schon, ein klein wenig nachdenklicher als der Durchschnitt zu sein, um dem apollinischen Typ zugeschlagen zu werden, oder etwas weniger vernünftig, um gleich bei den dionysischen Menschen zu landen. Nur Genies können Nietzsche zufolge auf beide Prinzipien zurückgreifen; wir Normalbürger hingegen seien entweder das eine oder das andere.

Dionysos entstand, zur Abwechslung mal, aus einem der zahlreichen Seitensprünge des Göttervaters. Sein Opfer diesmal: die wunderschöne Semele, Tochter von König Kadmos und Harmonia. Und wie immer, wenn Zeus fremdgegangen war, ließ Heras Rache nicht lange auf sich warten. Auch diesmal wurde die Herrin des Olymps ihrem Ruf gerecht: Als alte Frau verkleidet, stattete sie Semele einen Besuch ab und weckte in dem unschuldigen Mädchen einen entsetzlichen Verdacht.

»Ich habe gehört«, flüsterte sie ihr ins Ohr, »daß dein Liebhaber in Wirklichkeit ein schreckliches Ungeheuer ist. Fordere ihn auf, sich dir in seiner wahren Gestalt zu zeigen, und wenn er sich weigert, versage ihm dein Lager.« Bestürzt und verwirrt folgte Semele Heras Rat. Doch Zeus sperrte sich. »Kommt gar nicht in Frage«, entschied er, »du würdest dem Anblick nicht standhalten!«

Doch da Semele ihrem Wunsch durch inständiges Flehen, vor allem aber durch eine verschlossene Schlafzimmertür Nachdruck verlieh, ließ sich Zeus nach einiger Zeit darauf ein und zeigte sich ihr im strahlenden Glanz seiner Göttlichkeit. Ein großer Fehler! Im Nu fing Semele Feuer und begann, lichterloh zu brennen. Hermes schaffte es gerade noch, den kleinen, noch keine sieben Monate alten Dionysos aus ihrem Unterleib zu zerren und Zeus in den Oberschenkel einzupflanzen – die Erfindung des Brutkastens – und so das Leben des göttlichen Fötus zu retten.

Natürlich konnte Zeus' seltsame Schwangerschaft den wachsamen Augen der Hera, die in puncto Boshaftigkeit keine Rivalen zu scheuen brauchte, nicht lange verborgen bleiben. Sie stachelte die Titanen dazu auf, den Säugling, kaum daß er aus dem Schenkel des Vaters hervorgetreten war, zu packen, in seine Einzelteile zu zerlegen und in einen großen Kessel mit siedendem Wasser zu werfen.

Die Großmutter Rhea war die erste, die die grausame Tat bemerkte. Sie stürzte hinunter zu den Titanen, setzte mit einer Engelsgeduld den Kleinen wieder zusammen, wartete dann, bis er etwas gewachsen war und brachte ihn schließlich, vorsichtshalber in Mädchenkleidern, zu König Athamas und seiner Frau Ino.

Apollodor erzählt uns die Geschichte in einer etwas abweichenden Version:

Aber zur gesetzten Zeit gebar Zeus, die Naht sprengend, den Dionysos und übergab ihn dem Hermes. Dieser brachte ihn zu Ino und Athamas und beredete sie, ihn als Mädchen zu erziehen. Doch die mißtrauische Hera brachte die beiden um den Verstand, daß sie ihren eigenen Nachwuchs töteten. Da verwandelte Zeus den jungen Dionysos in einen Ziegenbock und entzog ihn auf diese Art der Rachsucht der Hera. Hermes nahm ihn und brachte ihn zu Nymphen, welche in Nysa in Arabien wohnten und die nachher Zeus mit dem Namen Hyaden unter die Gestirne setzte.
(vgl. Apollodor, *Mythologische Bibliothek*, III, 4 2)

Die Nymphen Makris, Nysa, Erato, Bromie und Bakche kümmerten sich rührend um das Kind, das bald zu einem jungen Mann heranwuchs, eines Tages die Insel durchstreifte und dabei eine merkwürdige Pflanze mit kleinen Trauben entdeckte. Die Trauben auszudrücken, den Saft gären zu lassen und dann zu trinken, war für Dionysos reine Instinktsache. Sie ließ ihn zum Entdecker des Weins werden.

Allerdings ist zu bedenken, daß solche oder ähnliche Geschichten vor Ursprung des Weinbaus in fast allen Mythologien, von den Indern bis zu den Indianern, zu finden sind. Wichtig ist jedoch, daß in unserem Fall der Wein von einem sympathischen, ziemlich chaotischen Gott wie Dionysos erfunden wurde. Apollon zum Beispiel, mit seinem hochnäsigen intellektuellen Gehabe, wäre dazu nie in der Lage gewesen, und höchstwahrscheinlich hätte ihm auch nichts daran gelegen. Drei Elemente kennzeichnen den Kult des Dionysos: Wein, Wahnsinn und Werbefeldzüge für das anregende Getränk. So soll Dionysos in Libyen gewesen sein, in Ägypten und Thrakien, Böotien und Palästina, und hat angeblich sogar den gesamten asiatischen Kontinent bis nach Indien durchstreift, stets damit beschäftigt, die Völker mit dem Weinbau bekanntzumachen. Seine Gefolgschaft dabei waren: Silenos, ein Wesen halb Mensch, halb Ziege, und eine unbestimmte Anzahl von Satyren und Mänaden. Letztere haben wir uns als eine Schar leichtbekleideter, ständig betrunkener Frauen vorzustellen, denen man am besten nicht zu nahe kam, da sie alle mit einem efeuumwundenen Stab, auf dessen Spitze ein Tannenzapfen steckte, dem sogenannten »Thyrosstab«, bewaffnet waren.

Ihm folgten die Scharen der Mänaden, ihm, dem Führer. Getöse durchhallte die Wälder.
(vgl. Homer, *Hymnus an Dionysos*, 9, 10)

Überall, wo sich Dionysos sehen ließ, gaben ihm die Menschen die seltsamsten Beinamen, weswegen wir ihn heute auch unter den unterschiedlichsten Namen in den verschiedenen Quellen finden. Bakchos, Aigobolos, Dyalos, Euios, Omadios, Trigonos, um nur einige zu nennen, oder auch Löwe, Ziege, Hirsch, Stier, je nach dem Tier, in dessen Gestalt er sich zeigte.

Verschiedenste Gestalten und ebenso viele Beinamen, die alle für einen Gott stehen, der genußsüchtig war und »phallisch« und sich an keine Sitte und kein Gesetz gebunden fühlte. In diesem Zusammenhang sei daran erinnert, daß die Feste, die ihm zu Ehren gefeiert wurden, »Phallophorien« hießen, unter anderem auch, weil die enthemmten Mänaden bei ihren Umzügen enorme, tönerne Phalli mit sich führten, die, so stelle ich mir vor, fünfundzwanzig Meter lang waren, ähnlich wie die berühmten *Gigli di Nola* (»Lilien von Nola«) auf dem San-Paolino-Fest.

Man kann es nicht anders sagen, Dionysos war wahnsinnig und von daher auch nur eingeschränkt schuldfähig. Einmal mußte ihn seine Großmutter Rhea von all seinen Vergehen reinigen, um ihn vor dem Zorn der anderen Götter zu retten. Und sein Sündenregister war in der Tat recht umfangreich.

Nur um eine ungefähre Vorstellung zu vermitteln, seien hier einige seiner Fehltritte erwähnt. Er enthäutete den König von Damaskus, weil der sich der Verbreitung des Dionysos-Kults in Thrakien widersetzt hatte; tötete einige tausend Amazonen, nur weil sie ihm nicht sympathisch waren; brachte die argivischen Frauen um den Verstand, so daß sie ihre eigenen Kinder verspeisten. Und das war bei weitem noch nicht alles: Den König Lykurgos schlug er mit Wahnsinn, so daß dieser seinen eigenen Sohn Dryas mit der Axt tötete, im Glauben, einen Weinstock zu fällen. Bevor der König wieder zu Sinnen kam, hatte er bereits Nase und Ohren, Finger und Zehen der Jungen gestutzt.

Ganz zu schweigen von den zahlreichen Verwandlungen, mit denen Dionysos jederzeit rasch bei der Hand war, so als er die Schwestern Alkitoe, Leukippe und Aristippe in Fledermäuse verwandelte, weil sie nicht an einer nächtlichen Orgie zu seinen Ehren teilnehmen wollten. Oder als er von Piraten entführt wurde und die Maste des Schiffes in Weinreben verwandelte, die Ruder in Schlangen, das Tauwerk in wilde Tiere und sich selbst in einen Löwen, so daß sich die Piraten voller Panik ins Meer stürzten und selbst in Delphine verwandelt wurden.

Allerdings galt Wahnsinn zu jener Zeit (und vielleicht nicht nur damals) fast als eine Gabe der Götter; eine Gabe, die zum Beispiel Frauen dazu bringen konnte, alle Hemmungen fallen zu lassen. Daher kann auch Homer in seinem Hymnus an den Gott den Wunsch äußern:

O Dionysos! Bocksgestalteter! Weiberbetörer! Zu dir flehe ich, sei mir gnädig, gib meinem Weibe den Wahnsinn ein!
(vgl. ebda., 17 ff.)

Unter den zahlreichen Reisen des Dionysos ist die nach Naxos besonders wichtig, wo er Ariadne begegnet, die gerade von dem Helden Theseus verlassen worden war. Sie rothaarig und er ein Blondschopf: kein schlechtes Paar.

Und der goldengelockte Dionysos wählte die rötliche, blühende Maid Ariadne, des Minos Tochter, zur Gattin.
(vgl. Hesiod, *Theogonie*, 947)

Für Dionysos war es Liebe auf den ersten Blick. Es ist nicht genau überliefert, mit welchen Worten er sie für sich gewann, aber es wird wahrscheinlich so etwas in der Art gewesen sein wie: »Los, Süße, komm mit, bei uns wirst du eine Menge Spaß haben.«

Zentraler Bestandteil des Dionysos-Kults waren in der Tat die Orgien. Was lief denn nun bei solch einer Orgie im einzelnen ab? Nichts Besonderes: Zuerst wurde Wein getrunken, dann bis zum Umfallen getanzt, und schließlich gaben sich die, die noch Kraft hatten, dem Liebesspiel hin, gleich ob homo oder hetero, denn zu diesem Zeitpunkt war längst niemand mehr in der Lage, solch unbedeutenden Details Beachtung zu schenken.

Außerdem galten Orgien zu jener Zeit als eine Art religiöser Kult, manchen Veranstaltungen ähnlich, die wir heutzutage auch bei uns noch kennen. Wie zum Beispiel die Feste der »Madonna del Arco«, bei denen alle Gläubigen, auch *fujenti* genannt, bis zum Morgengrauen ohne Unterbrechung – noch nicht einmal für die körperlichen Bedürfnisse – wie die Besessenen tanzen. Außerdem zeigt sich der Mensch, egal ob beim Tanz oder beim Liebesspiel, immer als Teil einer höheren Gemeinschaft, die, wie Nietzsche in seiner *Geburt der Tragödie* sagt, zu gehen und zu reden verlernt hat und dabei ist, tanzend in den Himmel zu fliegen.

XIV

Hephaistos

Von allen wichtigen Göttern war Hephaistos der einzige häßliche; abgesehen von einigen aus der Zweiten Liga (wie Pan zum Beispiel) waren die anderen alle wunderschön. Als seine Mutter Hera, die ihn ganz allein, ohne männliche Beteiligung, gezeugt hatte, bei der Geburt feststellte, wie schwächlich und verwachsen er war, also eines großen Gottes unwürdig, packte sie den Säugling am Fuß und warf ihn ohne ein Fünkchen Mitleid einfach fort.

»Durch den Aufprall an den Füßen gelähmt« (Apollodor, *Mythologische Bibliothek*, I, 3 5), wurde er von Thetis und Eurynome aufgefangen. Von seinen Tränen gerührt, nahmen sie ihn bei sich auf und schenkten ihm eine goldene Krücke sowie eine kleine Werkstatt auf dem Meeresgrund, wo er spielen und seine besondere Begabung nutzbringend anwenden konnte.

Denn Hephaistos erwies sich bald schon als hervorragender Handwerker: Er hatte sozusagen goldene

Hände, und alles, was er herstellte, war irgendwie genial und wunderschön. Von seinen zahlreichen Werken seien hier die zwei wichtigsten erwähnt: die Roboterfrauen und die fahrbaren Tischchen. Erstere waren ...

... goldene Jungfrauen, lebenden gleich, mit jugendlich reizender Bildung: Diese haben Verstand in der Brust und redende Stimme.
(vgl. Homer, *Ilias*, XVIII, 417 ff.)

Während die fahrbaren Tischchen praktisch stumme Diener waren, alle ausgestattet mit ...

... goldenen Rädern unter jedem Boden, daß sie von selbst annahten zur Schar der unsterblichen Götter, dann zu ihrem Gemach heimkehrten. Wunder dem Anblick!
(vgl. ebda., XVIII, 375 ff.)

Eines Tages bemerkte Hera an Thetis' Tunika eine wunderschöne, kunstvoll geschmiedete Brosche.
»Wo hast du die denn her?« fragte sie mit großen Augen, wie eine x-beliebige Frau, die ihre Freundin zufällig auf der Straße trifft.
»Die hat mir ein neunjähriger Knabe geschenkt. Er hat sie selbst für mich gemacht.«
»Wer ist denn dieser kleine Wunderknabe?«

»Du erinnerst dich doch an Hephaistos? Das Kind, das du ins Meer geworfen hast, weil es dir nicht schön genug war. Eurynome und ich haben ihn halb tot gefunden und bei uns aufgenommen, und dafür ist er uns heute so dankbar, daß er uns mit Geschenken überhäuft.«

Hera ordnete nun an, daß ihr Sohn zu ihr zurückkehre, und bestellte als erstes Geschenk eine Sitzgelegenheit bei ihm, die ihrer hohen Stellung als göttliche Königin angemessen sein sollte.

»Ich bin die Gattin des Zeus«, sagte sie, »die mächtigste Göttin des Olymps. Fertige mir einen Thron, von dem mich niemand stoßen kann.«

Und Hephaistos kam dem Wunsch nach und schmiedete eine Maßanfertigung: Einen Thron von gigantischen Ausmaßen, der mit so vielen Juwelen besetzt war, daß einem vom Glanz die Augen schmerzten, wenn man ihn länger ansah. Hera war begeistert. Doch kaum hatte sie Platz genommen, da schossen plötzlich Handschellen (selbstverständlich aus Gold) aus den Armlehnen hervor und fesselten sie für immer an den Thron. Jetzt konnte sie niemand mehr, noch nicht einmal Zeus selbst, von ihm herunterstoßen. Genau so, wie sie es verlangt hatte. Monatelang erfüllten ihre Schreie den Olymp. Schließlich waren die Götter mit den Nerven so am Ende, daß sie Hephaistos anflehten, er möge seiner Mutter die Handschellen abnehmen. Doch Hephaistos zeigte sich unerschütterlich: »Welche Mutter meint ihr?« antwortete er. »Ich habe nur zwei Pflegemütter, Thetis und Eurynome, und ich wüßte nicht, daß sie Hilfe bräuchten.«

Haßte Hephaistos seine Mutter tatsächlich so sehr? Das ist nicht gesagt. In der *Ilias* finden sich zu diesem Thema widersprüchliche Aussagen, die die Frage teilweise bejahen und teilweise verneinen.

So läßt der göttliche Handwerker im achtzehnten Gesang seiner Wut freien Lauf, indem er sagt:

»Als mich die Mutter verwarf, die entsetzliche! Welche mich Lahmen
Auszutilgen beschloß. Da duldet' ich Wehe des Herzens,
Hätt' Eurynome nicht und Thetis im Schoß mich geborgen.«
(ebda., XVIII, 396 ff.)

Im ersten Gesang schlägt er sich hingegen auf Heras Seite. Zeus liegt wieder einmal mit seiner Gattin über Kreuz und läßt sich dazu hinreißen, sie mit zwei Ambossen an den Fußgelenken am Himmelsgewölbe aufzuhängen. Hephaistos ergreift für sie Partei und zieht sich den Unmut des Göttervaters zu. Zeus packt ihn am Fuß und schmeißt ihn wieder mal aus dem Olymp, wobei sich der Ärmste auch noch das andere Bein bricht. Er selbst erzählt uns davon:

»Schwang er mich hoch, bei der Ferse gefaßt, von der heiligen Schwelle
Einen Tag hinflog ich, und spät mit der sinkenden Sonne
Fiel ich in Lemnos hinab und atmete kaum noch am Leben;«
(ebda., I, 591 ff.)

Doch kommen wir zur ersten Episode zurück. Wir hatten Hera gefesselt auf ihrem Thron zurückgelassen. Die Götter bedrängen Hephaistos weiter, die Handschellen zu lösen, und er antwortet: »Werte Kollegen, im Grunde denkt ihr ja alle, daß ich mit meinem häßlichen Äußeren dem Geschlecht der Götter Schaden zufüge. Wäre es da nicht angemessen, mir zum Ausgleich die schönste aller Göttinnen, Aphrodite, zur Frau zu geben? Besorgt sie mir! Dann, aber nur dann, werde ich auch meine Mutter befreien.«

Gesagt, getan. Die Götter verkuppelten die beiden, und es wurde Hochzeit gefeiert. Sie hatten aber kaum Zeit, auf das junge Brautpaar anzustoßen, als Aphrodites früherer Geliebter auf der Bildfläche erschien: Ares, Gott des Krieges, der größte Macho, aber auch der dümmste aller Bewohner des Olymps. Und so finden wir hier eins der ersten Beispiele der klassischen Dreiecksbeziehung, bis heute Stoff für zahlreiche Komödien und Tragödien, wie zum Beispiel auch im neapolitanischen Volkstheater: *isso, essa e o'malamente*

(»er, sie und der verfluchte Dritte«), in unserem Fall Hephaistos, Aphrodite und Ares.

Zu einem klassischen außerehelichen Abenteuer gehört aber auch, daß es nicht geheim bleibt. Und so kam es, daß Ares und Aphrodite eines Tages im Morgengrauen auf einer Blumenwiese gesehen wurden – wo sie sich verdächtig lange miteinander beschäftigten –, und zwar von Helios, dem Sonnengott, der augenblicklich Mormo, die Göttin der üblen Nachrede, davon in Kenntnis setzte. Die erzählte es wiederum allen weiter, auch denen, die es gar nicht hören wollten.

Aber sobald Hephaistos die kränkende Rede vernommen,
Eilet' er schnell in die Esse, mit rachevollen Entwürfen:
Stellt' auf den Block den gewaltigen Amboß, und schmiedete starke
Unauflösliche Ketten, um fest und auf ewig zu binden.
Und nachdem er das trügliche Werk im Zorne vollendet,
Ging er in sein Gemach, wo sein Hochzeitsbette geschmückt war,
Und verbreitete rings um die Pfosten kreisende Bande;
Viele spannt' er auch oben herab vom Gebälke der Kammer,

Zart wie Spinnengewebe, die keiner zu sehen vermöchte
Selbst von den seligen Göttern: so wunderfein war die Arbeit.
(Homer, *Odyssee*, VIII, 272 ff.)

Nachdem er das unsichtbare und unzerstörbare »Spinnengewebe« befestigt hat, erzählt er seiner Gattin, daß er zu einer Reise nach Lemnos aufbrechen müsse, gibt ihr einen Abschiedskuß und verläßt das Haus. Was nun folgt, erzählt uns wiederum Homer in der *Odyssee*.

Ares schlummerte nicht, der Gott mit den goldenen Zügeln,
Als er verreisen sahe den kunstberühmten Hephaistos.
Eilend ging er zum Hause des klugen Feuerbeherrschers,
Hingerissen von Liebe zu seiner schönen Gemahlin.
Aphrodite war eben vom mächtigen Vater Kronion
Heimgekehrt und saß. Er aber ging in die Wohnung,
Faßte der Göttin Hand und sprach mit freundlicher Stimme:
Komm Geliebte, zu Bette, der süßen Ruhe zu pflegen!

Denn Hephaistos ist nicht daheim; er wandert vermutlich
Zu den Sintiern jetzt, den rauhen Barbaren in Lemnos.
Also sprach er, und ihr war sehr willkommen die Ruhe.
Und sie bestiegen das Lager und schlummerten. Plötzlich umschlangen
Sie die künstlichen Bande des klugen Erfinders Hephaistos;
Und sie mochten kein Glied zu bewegen oder zu heben.
Aber sie merkten es erst, da ihnen die Flucht schon gehemmt war.
(ebda., VIII, 285 ff.)

Doch jetzt begeht Hephaistos einen großen Fehler: Er fordert alle Götter auf, sich mit eigenen Augen und in allen Einzelheiten von dem ehebrecherischen Tun der beiden zu überzeugen.

Stellen wir uns die Szene vor: Ares und Aphrodite, nackt wie die Würmer gefangen unter dem unzerstörbaren Netz. Die Götter trudeln nach und nach ein, versammeln sich um das Ehelager und schauen sich die Sache an: Es sind ausschließlich Männer, da die Göttinnen, vor allem eingedenk des Rufs von Ares als »Gott mit dem stehenden Glied«, so schamhaft waren, auf das Schauspiel zu verzichten.

Das männliche Götterpublikum aber zeigt volles Verständnis für den Kriegsgott. Im Grunde wären sie nämlich alle gern an seiner Stelle. Aber wie auch nicht? Immerhin liegt Aphrodite im vollen Glanz ihrer Schönheit nackt neben ihm.

»Der Glückliche«, entfährt es Hermes.

»Da hast du recht«, pflichtet ihm Poseidon bei.

So kam es, daß alle nach und nach ihre Sympathien für die Ehebrecher zum Ausdruck brachten. Und Aphrodite, von den vielen Komplimenten geschmeichelt, sollte sich bei passender Gelegenheit dafür erkenntlich zeigen, indem sie mit einem jeden von ihnen mindestens ein Kind zeugte. Mit Hermes den halb männlichen, halb weiblichen Hermaphroditos, mit Poseidon Rhodos und Herophilos und mit Dionysos den Priapos, das Kind mit dem gigantischen Glied.

XV

Hermes

Hermes war der Schutzgott der Diebe, Kaufleute und Redner. Und sogleich stellt sich die Frage, was wohl diese drei »Berufsgruppen« miteinander verbindet. Sind bei der Paarung Diebe-Kaufleute noch durchaus mögliche Verbindungslinien vorstellbar, so fällt es schwer, zwischen Rednern und Kaufleuten (oder gar zwischen Dieben und Rednern) irgendwelche Berührungspunkte zu erkennen.

Sollte damit vielleicht angedeutet werden, daß ein Redner, also jemand, der bestimmte Ansichten unters Volk bringt, ein Dieb sei? Aber von was? Überlegen wir einen Moment: Vielleicht geht es darum, daß ein Redner die Fähigkeit besitzt, durch sein rhetorisches Geschick verwickelte Gedanken verständlich zu machen, unabhängig davon, ob sie auf seinem eigenen Mist gewachsen sind oder nicht. Denn nicht zufällig steht »Hermeneutik« (von »Hermes« abgeleitet) für die Kunst des Verstehens und Interpretierens und daher auch für die vereinfachte Wiedergabe eines eigentlich schwierigen Sachverhalts. So schließt sich der Kreis, denn diese Gabe ist gerade auch für die dritte Gruppe, deren Schutzgott Hermes ist, unverzichtbar, also alle, die etwas verkaufen wollen. Aber auch für Journalisten und Politiker, die Marktschreier im Fernsehen und überhaupt alle Schaumschläger und Scharlatane. Von all denen hatte Hermes etwas, und so war es kein Zufall, daß Zeus ihn bei seinen Liebesaffären als Botschafter einsetzte.

Hermes war der frühreifste Gott der gesamten griechischen Mythologie. Schon am Tag seiner Geburt hatte er alle Hände voll zu tun:

Morgens wurde er geboren, am Mittag erfand er die Leier, abends stahl er die Rinder dem großen Schützen Apollon.
(vgl. Homer, *Hymnus an Hermes*, 17)

Als der große Schütze Apollon feststellte, daß seine Ställe leer waren, durchstreifte er ganz Attika in der Hoffnung, sein geliebtes Vieh wiederzufinden. Er befragte Nachbarn, hielt Passanten an, aber niemand konnte ihm weiterhelfen. Die Rinder waren spurlos verschwunden. Im wahrsten Sinne des Wortes, denn der listige Hermes hatte den Rindern eigens Pantoffeln aus getrockneten Blättern gefertigt und über die Hufe gezogen, so daß sie keine Spuren hinterließen.

Eines Tages, als Apollon die Hoffnung schon fast aufgegeben hatte, entdeckte er vor einer Höhle zwei Kuhhäute, die dort zum Trocknen aufgespannt waren und sein Brandzeichen trugen. Wutentbrannt stürzte er in die Grotte und sah Maia, Hermes' Mutter, die neben einer Wiege saß.

»Dein Sohn hat meine Rinder gestohlen«, fuhr er die arme Frau an.

»Mein Sohn? Der liegt doch noch in den Windeln!« antwortete Maia verwundert, indem sie auf den Säugling in der Wiege deutete.

Apollon ließ sich von solch einem unbedeutenden Einwand nicht abschrecken: Er zerrte Hermes aus seinem Bettchen, schüttelte ihn unsanft und forderte ihn schreiend auf, ihm seine Rinder zurückzugeben.

»Wo hast du sie versteckt? Sprich, Schurke, sonst drehe ich dir die Luft ab!«

»Ich habe sie alle in Sicherheit gebracht«, antwortete Hermes wimmernd, »bis auf zwei, die ich den zwölf olympischen Göttern opfern mußte.«

»Den zwölf Göttern?« fragte Apollon verwundert. »Wer soll denn der zwölfte sein?«

»Na ich!« antwortet der dreiste Säugling.

Nur wird man sich natürlich fragen, ob Hermes die Kühe herausgerückt hat. O nein, das wäre ihm im Traum nicht eingefallen. Während er nun Apollon zu dem Versteck führte, begann er auf der Leier zu spielen, einem Instrument, daß er gerade erfunden hatte.

Es handelte sich um einen Schildkrötenpanzer als Resonanzkörper und darüber gespannten Kuhdärmen als Saiten. Apollon lauschte gebannt und kam nicht umhin, dem kleinen Hermes zu seinem Vortrag zu gratulieren.

»Ein erstaunlicher Laut, ganz neugeartet, ertönt mir, wie ihn wohl kein Mensch, so denk ich, jemals vernommen. Keiner der ewigen Götter in ihren olympischen Häusern, außer dir, Betrüger, du Sohn des Zeus und der Maia. Welch eine Kunst ist das? Welch ein Gesang, der unwiderstehliche Leidenschaften hervorruft? Was ist zu tun, um diese Kunst zu erlernen? Wirklich, die drei sind alle vereinigt, Heiterkeit und Liebe und süßer Schlummer.«
(vgl. ebda., 443 ff.)

»Vielen Dank«, antwortete Hermes, indem er errötete. »Aus deinem Mund ist mir das Lob besonders teuer. Die Leier ist wirklich ein betörendes Instrument. Ich will sie dir gerne schenken, wenn du mir dafür deine Rinderherde überläßt.«

Apollon stimmte begeistert zu, und sie waren erst wenige Schritte gegangen, als Hermes plötzlich ein Schilfrohr vom Wegesrand pflückte.
»Was machst du da?« fragte Apollon.
»Ich baue mir eine Flöte.«
»Eine Flöte? Was ist denn das?«

»Auch ein Musikinstrument«, antwortete Hermes bescheiden.

»Man sticht ein paar Löcher in das Rohr und braucht nur noch hinein zu blasen. Hör mal, wie schön das klingt!«

Auch jetzt wieder Begeisterung und Bewunderung von seiten Apollons, und gleich darauf Hermes' Vorschlag.

»Du kannst die Flöte geschenkt haben, wenn du mich dafür die Kunst der Weissagung lehrst.«

»Das kann ich nicht«, antwortete Apollon betrübt. »Aber ich würde dich mit meinen Priesterinnen bekannt machen, bei denen du die Grundlagen des Gewerbes erlernen könntest.«

Kurzum, durch solche vorteilhaften Tauschgeschäfte wurde Hermes in kürzester Zeit steinreich, an Gütern und an Fähigkeiten.

Zweifellos war er der genialste Erfinder unter allen Göttern. Zu seinen Entdeckungen zählen die Tonleiter, die Zahlen und Maße, das Alphabet, die Waage, die Astronomie, das Turnen und Boxen sowie der Olivenanbau. Hätte er mehr Zeit zur Verfügung gehabt, wäre er sicher auch noch als Erfinder des Fernsehens in die Geschichte eingegangen, des privaten natürlich, das mit den Unmengen von Werbespots.

XVI

Hestia

Hestia, die Göttin des heimischen Herdes, war eine äußerst bescheidene Frau, die alles Mondäne strikt ablehnte. Sie war so bescheiden, daß sie eines Tages ihren Platz neben dem Thron des Zeus – den zwölf Sessel umstanden, für die es aber dreizehn Anwärter gab – an den Letztgeborenen, Dionysos, abgab. Mit der Begründung, es liege ihr nichts daran, unter den ganzen »Camorrabossen« zu sitzen; in den Küchen armer Leute fühle sie sich viel wohler.

An Hestia, Kronos' älteste Tochter, wandten sich die Mütter in der Antike, wenn dunkle Wolken das Glück der Familie überschatteten (der ständig betrunkene Ehemann, eine diebische Hausangestellte, Ehebruch, ein Sohn auf Abwegen, die Nervensäge von Nachbarin).

Homer hat ihr einen Hymnus gewidmet, der mit folgenden Versen beginnt:

Hestia, die du rings in hoch aufragenden Häusern aller unsterblichen Götter und Erdenbewohner ewigen Wohnsitz hast und älteste Ehre erlangtest, keine Mahlzeit feiern die Menschen, daß nicht zu Anfang und Ende, Hestia, dir ein jeder die Süße des Weines gespendet.
(vgl. Homer, *Hymnus an Hestia*, 1 ff.)

Symbol ihres Reiches war der Herd, auch *omphalos* genannt, der »Nabel des Hauses«, der Treffpunkt, um den sich alle Familienmitglieder an den langen Winterabenden versammelten, nicht nur um sich aufzuwärmen, sondern auch um sich Geschichten und die Neuigkeiten des Tages zu erzählen. Heute wäre der *omphalos* mit großer Wahrscheinlichkeit ein Fernsehapparat, und Hestia würde mit Sicherheit einen Großteil ihrer Zeit davor verbringen und sich Seifenopern und Talkshows anschauen.

Im Gegensatz zu Aphrodite, die in Sachen Sex sehr großzügig verfuhr, gab sich Hestia niemals einem Mann hin, obwohl es Apollon und Poseidon mit allen Mitteln versuchten. Sogar den mehr als eindeutigen Avancen von Priapos wußte sie zu widerstehen. Es heißt, daß die Göttin eines Abends nach einem üppigen Festmahl in einer Ecke eingenickt sei, als sich der »super-bestückte« Sohn von Dionysos und Aphrodite ohne lange Vorrede einfach auf sie stürzte, um sie zu vergewaltigen. Zum Glück weckte das Iahen eines Esels die Göttin gerade noch rechtzeitig, um den Wüstling davonzujagen.

Als Belohnung für Hestias Keuschheit legte Zeus fest, daß von jenem Tage an stets das erste Opfer eines Festes ihr gebühren sollte. Aber auch der Esel wurde dankbar gedacht: Stets am 15. Juni, dem *Vestalia* genannten Fest, zogen sie mit Girlanden geschmückt in einer Prozession zum Tempel der Göttin. Aphrodites Kommentar dazu: »Ich finde diese ganzen Ehrungen ungerecht. Wenn ich in eine solche Lage komme, sind eben nie Esel in der Nähe!«

Hestias untadeliges Verhalten ist aber auch der Grund dafür, daß es so wenig über sie zu erzählen gibt.

Bewegter war da schon das Leben ihrer römischen Schwester, Vesta, der Göttin des Herdfeuers, und deren Priesterinnen, den Vestalinnen. Diese Nonnen des Altertums hatte zwei große Anliegen: erstens Jungfrau zu bleiben und zweitens das Feuer im Tempel nicht erlöschen zu lassen, weil sie sonst zur Strafe lebendig begraben wurden.

Nun kam es leider vor, daß sie während ihrer Wache mit einem männlichen Tempelbesucher flirteten und darüber das Feuer vergaßen. So erging es zum Beispiel auch Rea Silvia, der Mutter der Zwillinge Romulus und Remus. Zu ihrer Entschuldigung muß jedoch gesagt werden, daß der Besucher kein geringerer als der Kriegsgott Mars höchstpersönlich war. Und wir, die

Nachkommen des Romulus, sind ihr für diesen Fehltritt zu besonderem Dank verpflichtet.

Im alten Rom war jeder angesehene Bürger erpicht darauf, eine Vestalin in der Familie zu haben. Die Ernennung erfolgte normalerweise schon, wenn die unglückliche Anwärterin gerade mal sieben Jahre alt war. Und der »Wehrdienst«, wie man die Zeit nennen könnte, dauerte stolze dreißig Jahre. Erst danach war die Priesterin frei zu heiraten oder sich einen Liebhaber zu nehmen.

Die Vestalinnen waren außerordentlich mächtig und genossen eine Reihe von seltenen Privilegien. So durften sie zum Beispiel mit dem Wagen durch die Fußgängerzone der Hauptstadt fahren und sich von einem Liktor beim Einkaufsbummel begleiten lassen. Außerdem hatten sie im Zirkus Anrecht auf einen Platz in der ersten Reihe. War ihnen so einerseits die Ehrerbietung von seiten der höchsten Würdenträger des Staates sicher, so fielen sie andererseits sofort in Ungnade, wenn eine Liebesaffäre von ihnen an die Öffentlichkeit drang.

Manchmal reichte dem Senat schon der bloße Verdacht, um gnadenlos das Todesurteil zu fällen.

XVII

Pan

Wer nun tatsächlich Pans Eltern waren, ist nicht eindeutig geklärt: Manche halten ihn für einen Sohn des Kronos, andere für einen Sprößling von Zeus, wieder andere von Hermes. Ich selbst tendiere zur Vaterschaft des letzteren, da mich schon auf dem Gymnasium der folgende Dialog aus den *Göttergesprächen* des Lukian von Samosata so beeindruckt hat:

PAN: Sei gegrüßt, Vater.
HERMES: Sei gegrüßt auch! Aber seit wann sind wir nahe Verwandte?
PAN: Bist du nicht etwa Hermes von Kyllene?
HERMES: Das bin ich allerdings; aber wie folgt daraus, daß du mein Sohn bist?
PAN: So ganz mit rechten Dingen ging's ja wohl nicht zu – ein Kind der freien Liebe bin ich.
HERMES: Beim Zeus, du siehst eher dem Sohn einer Ziege oder eines Bockes ähnlich. Wie sollte ich

zu einem Sohne mit Hörnern und einer solchen Nase und einem solchen Zottelbart und gespaltenen Bocksfüßen und einem Schwanz über dem Hintern gekommen sein?

PAN: Daß du so verächtlich von deinem eigenen Sohn sprichst, Vater, tut mir sehr leid. Aber gedenke, daß du dich selbst verspottest, da du solche Kinder in die Welt setzt. Ich kann doch nichts für meine Gestalt.

HERMES: Wer wäre denn also deine Mutter? Ich bin doch hoffentlich nicht unwissenderweise einer Ziege zu nahe gekommen?

PAN: Das nicht. Aber erinnerst du dich nicht, daß du einmal in Arkadien einem edlen Mädchen Gewalt angetan hast? Was nagst du so am Finger und tust, als ob du dich nicht entsinnen könntest? Ich spreche von Penelope, der Tochter des Ikarios.

HERMES: Aber was geschah ihr, daß sie dich einem Bock ähnlich zur Welt brachte?

PAN: Ich will dir sagen, wie sie selbst die Sache erzählt hat. Sie sagte zu mir: Wisse, mein Sohn, dein Vater ist der Gott Hermes, des Zeus' und der Maia Sohn. Daher laß dich deine Hörner und deine Bocksfüße nicht verdrießen, es kommt bloß daher, weil Hermes, um nicht entdeckt zu werden, die Gestalt eines Ziegenbocks annahm, als er dein Vater wurde.

HERMES: O Zeus! Jetzt entsinne ich mich, so etwas einmal getan zu haben. Aber daß ich, der ich mir immer so viel auf meine Gestalt zugute hielt und noch immer ein glattes Kinn trage, für deinen Vater gelten und mich von allen Göttern meines schönen Nachwuchses wegen auslachen lassen soll, das will mir nicht recht in den Kopf!

PAN: Sorge dich nicht, Vater. Ich werde dir keine Schande machen. Ich bin ein Musiker und blase auf der Rohrpfeife, daß es eine Lust ist; Dionysos, der gar nicht mehr ohne mich leben kann, hat mich zum Anführer seines Chores gemacht. Und wenn du die Herden besehen wolltest, die ich besitze, du würdest deine Freude daran haben.

HERMES: Da du solch eine bedeutende Person bist, Pan – so nennt man dich wohl –, so sage mir, hast du dir auch schon eine Gemahlin zugelegt?

PAN: Eigentlich nicht, Vater. Ich bin etwas verliebter Natur, und mir mit einer einzigen zu behelfen, wäre meine Sache nicht.

HERMES (lachend): Du behilfst dir vermutlich nur mit deinen Ziegen?

PAN: Das sagst du wohl nur im Spaß? Nein, nein, ich habe ganz andere Liebschaften. Die Echo, die Peitho und alle Mänaden des Dionysos, so viele ihrer sind, und ich gelte sehr viel bei ihnen, das kann ich dir versichern.

HERMES: Wohl, mein Sohn, willst du mir etwas zum Gefallen tun, wenn ich dich darum bitte?

PAN: Sprich, o Vater.

HERMES: Komm her und umarme mich! Aber den

Namen Vater laß künftig weg, zumal wenn es jemand hören könnte.
(vgl. Lukian, *Göttergespräche*, 22)

Vergewaltigung war offensichtlich ein Laster, das in der Familie lag: Auch Pan hielt nicht viel von romantischen Annäherungsversuchen, wenn er eine Frau begehrte. So soll er einmal in einem Anfall von Liebeswahn die Nymphe Syrinx über Gebirge und durch Schluchten gejagt haben, bis er sie schließlich am Ufer des Flusses Ladon stellte. In ihrer Verzweiflung flehte die arme Syrinx die Flußnymphen an, sie rasch zu verwandeln, und so kam es, daß Pan, als er sich keuchend über sie warf, plötzlich nur ein Schilfrohr im Mund hatte, das aber durch die Luft, die er hindurch blies, einen wunderschönen Ton von sich gab.

Von der neuen Kunstform und der Lieblichkeit des Klanges gebannt, sprach der Gott: »Diese Art der Zwiesprache mit dir wird mir bleiben.« Und der klebte die Rohre von ungleicher Länge mit Wachs zusammen und hielt so wenigstens dem Namen nach eine Syrinx in der Hand.
(vgl. Ovid, *Metamorphosen*, I, 708 ff.)

Pan war ein richtiger Naturbursche, ein Gott, der das Leben in allen Zügen genoß. Er liebte, sang oder spielte auf der Panflöte, aß, trank und schlief, wie er gerade Lust hatte. Nur wenn man ihn bei der Siesta störte, konnte er sehr ungemütlich werden und mit seinem Geschrei panischen Schrecken verbreiten.

»Schäfer, es ist uns versagt mittägliches Spiel auf der Syrinx. Wir fürchten den Pan, denn wahrlich, er ruht sich dann von dem Waidwerk aus, der Ermattete. Jählings ergrimmt er, und ihm sitzt auf der Nase beständig ein mürrischer Unmut.«
(vgl. Theocritus, *Idyllen*, I, 15)

Pan ist übrigens auch der einzige Gott, von dem man weiß, daß er gestorben ist. Plutarch zufolge soll die Mannschaft eines römischen Schiffes, das auf eine griechische Insel zuhielt, in der dunklen Nacht den Ruf gehört haben: »Pan ist tot! Erzählt es allen: Pan ist tot!«

Nun muß man natürlich bedenken, daß Plutarch zu einer Zeit geschrieben hat, als das Christentum sich gerade auszubreiten begann, so daß diese so verzweifelte und vielsagende Verkündung von Pans Tod von christlichen Autoren nur allzu gerne als Tod des Heidentums schlechthin interpretiert wurde. Doch lassen wir Plutarch selbst zu Wort kommen.

»Epitherses, der Vater des Redners Aemilianus, mein Landsmann und Lehrer der Grammatik, erzählte,

er habe einmal auf der Reise nach Italien ein Schiff bestiegen, das viele Fahrgäste an Bord hatte. Eines Abends, als sie schon auf der Höhe der Echinaden-Inseln waren, sei der Wind eingeschlafen, und das Schiff sei treibend in die Nähe der Paxos-Inseln gelangt. Die meisten seien noch wach, einige nach beendigtem Mahl beim Trinken gewesen. Plötzlich habe man eine Stimme gehört, die laut ›Thamus‹ rief, so daß man sich verwunderte. Thamus aber war ein Ägypter und Steuermann des Schiffes, doch nicht vielen der Fahrgäste mit Namen bekannt. Beim ersten und zweiten Anruf habe er geschwiegen, beim dritten Mal aber dem Rufer geantwortet. Dieser habe nun seine Stimme noch mehr erhoben und gerufen: ›Wenn du auf die Höhe von Palodes kommst, dann melde allen, daß der große Pan tot ist.‹«
(vgl. Plutarch, *Über die eingegangenen Orakel*, I, 17)

XVIII

Poseidon

Poseidon (Neptun heißt er bei den Römern) hatte das, was man allgemein einen schlechten Charakter nennt. Er war streitsüchtig, aufbrausend und furchtbar schnell eingeschnappt. Nicht zufällig wurde er »mächtiger Erderschütterer« genannt und für jedes Erdbeben verantwortlich gemacht.

Aber versetzen wir uns einmal in seine Lage: Warum sollte er sich als Sohn des Kronos und damit auf gleicher Stufe wie Zeus dem kleinen Bruder unterordnen? Nur weil er bei der Auslosung, als Himmel, Hölle und Ozeane verteilt wurden, Pech gehabt hatte und ihm die Meere zugefallen waren? Und wer sagte überhaupt, daß der Himmel, den Zeus abbekommen hatte, oder Hades' Unterwelt wichtiger als die Ozeane waren? Man stelle sich nur eine Kreuzfahrt im siebten Jahrhundert v. Chr. vor, etwa auf der Route Troja – Ithaka, und sage mir, was wichtiger ist: Himmel oder Meer?

Eine genauere Vorstellung davon, wie Poseidon aufzutreten pflegte, vermittelt Homer im XIII. Gesang seiner *Ilias*. Die Troer schicken sich gerade an, die Angreifer ins Meer zurückzuwerfen, und Poseidon eilt den bedrohten Achäern zur Hilfe.

Plötzlich stieg er herab von dem zackigen Felsengebirge,
Wandelnd mit hurtigem Gang; und es bebten die Höhn und die Wälder
Von den unsterblichen Füßen des wandelnden Poseidon.
Dreimal erhob er den Schritt, und das viertemal stand er am Ziele,
Aigai: dort, wo ein stolzer Palast in den Tiefen des Sundes
Golden und schimmerreich ihm erbaut ward, stets unvergänglich.
Dorthin gelangt, nun schirrt' er ins Joch erzhufige Rosse,
Stürmenden Flugs, umwallt von goldener Mähne die Schultern;
Selbst dann hüllt' er in Gold sich den Leib und faßte die Geißel,
Schön aus Golde gewirkt, und trat in den Sessel des Wagens,
Lenkte dann über die Flut; die Ungeheuer des Abgrunds

Hüpften umher aus den Klüften, den mächtigen Herrscher erkennend;
Freudig ihm trennte des Meers Gewoge sich, und wie geflügelt
Eilten sie, ohne daß unten die eherne Achse genetzt ward;
Hin zu Achaias Schiffen enttrugen im Sprung ihn die Rosse.
(Homer, *Ilias*, XIII, 17 ff.)

Leider war Poseidon, im Gegensatz zu Zeus, nicht sehr vom Glück begünstigt. Man könnte auch sagen, ihm ging so ziemlich alles daneben. So verliebte er sich in die Nereide Thetis, und schon hieß es, daß jeder Sohn, den sie ihm gebären würde, größer sein würde als sein Vater. Dann verguckte er sich in eine andere Nymphe, die schöne Amphitrite, die sich dann aber in der Ehe als eifer- und rachsüchtige Gattin entpuppte. Was so weit ging, daß sie sich eines Tages, als sie den Gatten bei einem harmlosen Plausch mit einer Unglücklichen namens Skylla überraschte, aus Wut zu einer schrecklichen Tat hinreißen ließ: Sie vergiftete das Wasser eines kleinen Sees, wo das Mädchen täglich zu baden pflegte, woraufhin Skylla sich in ein entsetzliches Ungeheuer mit sechs Köpfen und zwölf Tatzen verwandelte.

Aber auch abgesehen von seinen zahlreichen mehr oder weniger unglücklichen Liebesgeschichten, gelang es Poseidon nie, sich in einer Auseinandersetzung gegen die anderen Götter durchzusetzen. Berühmt wurde sein Streit mit Athene um die Vorherrschaft in Attika.

Unter Oros Regierung gerieten, so erzählt man, Athene und Poseidon in Streit über den Besitz des Landes; nach dem Streit aber besaßen sie es gemeinsam, denn so hatte es Zeus befohlen. Und daher hat auch ihre alte Münze im Gepräge Poseidons Dreizack und den Kopf der Athene.
(vgl. Pausanias, *Reisen in Griechenland*, II, 30, 6)

Tatsächlich ging es zwischen den beiden aber keineswegs so friedlich zu. Der wahre Hergang war sehr viel dramatischer: Die Athener hatten beide Götter gebeten, ihnen ein Geschenk zu machen, um danach zu entscheiden, wer der größere Gott sei. Poseidon schwang seinen goldenen Dreizack, schleuderte ihn auf die Akropolis und ließ auf diese Weise eine Quelle mit Meerwasser entspringen, hübsch anzusehen, aber von sehr geringem Nutzen für die Bürgerschaft. Athene hatte einen ausgeprägteren Sinn für das Praktische und beschränkte sich darauf, einen Olivenbaum wachsen zu lassen. Es versteht sich von selbst, daß die Athener den Olivenbaum wählten und ihrer Stadt den Namen der Göttin gaben.

Poseidon aber, grimmig erbost, überströmte die thriastische Ebene und setzte Attika unter Wasser.
(vgl. Apollodor, *Mythologische Bibliothek*, I, 3 5)

Die Fluten zogen sich erst zurück, als die Stadtregierung von Athen einen Entschluß faßte, der den Zorn des offensichtlich frauenfeindlich eingestellten Gottes verrauchen ließ: Die Frauen verloren ihr Stimmrecht, und die Männer durften nicht mehr wie bisher den Namen ihrer Mutter tragen.

Zum Schluß sei noch erwähnt, daß Poseidon sich häufig damit brüstete, das Pferd erfunden zu haben, oder zumindest den Streitwagen ... oder zumindest die Zügel ...

LITERATURVERZEICHNIS

Bei den meisten im Text abgedruckten Zitaten handelt es sich um keine wörtlichen; vielmehr wurden sie vom Autor in seinem Sinne bearbeitet. Die folgende Literaturliste möge den Leser jedoch anregen, sich mit den klassischen Autoren, auf die sich der Verfasser bezieht, näher zu beschäftigen.

Aischylos: *Der gefesselte Prometheus*. In der Übersetzung von Johann Gustav Droysen. Stuttgart 1944

Apollodor: *Mythologische Bibliothek*. In der Übersetzung von Christian Gottlob Moser. Stuttgart 1828

Dante: *Die Göttliche Komödie*. In der Übersetzung von Karl Vossler. München 1962

Diodorus Siculus: *Historische Bibliothek*. In der Übersetzung von Friedrich Wurm. Stuttgart 1829

Hesiod: *Theogonie*. In der Übersetzung von Thassilo von Scheffer. Leipzig 1938

Hesiod: *Werke und Tage*. In der Übersetzung von Thassilo von Scheffer. Leipzig 1938

Homer: Hymnus an Demeter, Hymnus an Hermes, Hymnus an Hestia. In: *Göttermythen*. In der Übersetzung von Thassilo von Scheffer. Leipzig 1952

Homer: Hymnus an Aphrodite. In: *Die Nachtfeier der Venus*. In der Übersetzung von Chr. Graf zu Stolberg. München 1960

Homer: *Ilias*. In der Übersetzung von Johann Heinrich Voß. München 1989

Horaz: *Oden*. In der Übersetzung von Hermann Menge. München 1971

Lukian von Samosota: *Göttergespräche*. In der Übersetzung von Martin Wieland. München/Leipzig 1912

Ovid: *Metamorphosen*. In der Übersetzung von Michael von Albrecht. München 1994

Pausanias: *Reisen in Griechenland*. In der Übersetzung von Heinrich Chr. Schubart. Stuttgart 1857

Pindar: *Oden*. In der Übersetzung von Ludwig Wolde. München 1958

Platon. *Protagoras*. In der Übersetzung von Josef Feix. München 1960

Platon: *Der Staat*. In der Übersetzung von Friedrich Schleiermacher. München o. J.

Theocritus: *Idyllen*. In der Übersetzung von Friedrich Zimmermann. Stuttgart 1859

Und Nietzsche weinte
Roman
375 Seiten
btb 72011

Irvin D. Yalom

Das Wien des Fin de siècle: Josef Breuer, der angesehene Arzt und Mentor Sigmund Freuds, soll den unter betäubenden Kopfschmerzen leidenden Philosophen Friedrich Nietzsche heilen. So beginnt die außergewöhnliche Beziehung zwischen dem ruhigen, einfühlsamen Therapeuten Breuer und dem verschlossenen, verletzlichen Denker Nietzsche.

Seelensprung
Ein Leben
in zwei Welten
220 Seiten
btb 72006

Susanna Kaysen

»Seelensprung« beruht auf Susanna Kaysens eigenen Erfahrungen in einer berühmten psychiatrischen Anstalt. Sie beschreibt darin ihr Leben als entmündigte Patientin, das einem Balanceakt zwischen Realität und Alptraum gleicht.

Aus Freude am Lesen

Tessa de Loo

Tessa de Loo, Jahrgang 1946, hat sich in den Niederlanden bereits mit ihrem ersten Erzählband »Die Mädchen von der Süßwarenfabrik« als erfolgreiche Schriftstellerin etabliert. Große internationale Anerkennung erhielt sie für ihren Roman »Die Zwillinge«, der 1994 mit dem Publieksprijs für das Lieblingsbuch des Jahres ausgezeichnet wurde. Von Tessa de Loo ist bereits bei btb erschienen: »Die Feuertaufe« (72054)

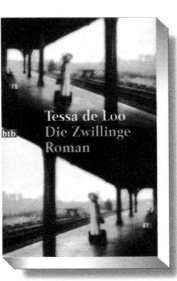

Roman
450 Seiten
btb 72161

Zwei Leben, eine Geschichte: Die Zwillinge Anna und Lotte treffen sich nach über vierzig Jahren im belgischen Kurort Spa. Auseinandergerissen durch den Zweiten Weltkrieg lebte die eine in Deutschland, während die andere in den Niederlanden aufwuchs. Jetzt versuchen sie eine Annäherung. »Ein Buch der Versöhnung, für Deutsche wie für Niederländer, ein Buch zum Lachen und zum Weinen, für alt und jung!«
Welt am Sonntag

Pascal Mercier
Perlmanns Schweigen
Roman
640 Seiten
btb 72135

Pascal Mercier

Perlmann, dem Meister des wissenschaftlichen Diskurses, hat es die Sprache verschlagen. Und während draußen der Kongress der Sprachwissenschaftler wogt, verzweifelt Perlmann in der Isolation des Hotelzimmers. In ihm reift ein perfider Mordplan... »Ein philosophisch-analytischer Kriminal- und Abenteuerroman in bester Tradition.«
Frankfurter Allgemeine Zeitung

Arturo Pérez-Reverte
Der Club Dumas
Roman
470 Seiten
btb 72193

Arturo Pérez-Reverte

Lucas Corso ist Bücherjäger im Auftrag von Antiquaren, Buchhändlern und Sammlern. Anscheinend eine harmlose Tätigkeit, bis Corso feststellt, daß bibliophile Leidenschaften oft dunkle Geheimnisse und tödliche Neigungen nach sich ziehen. Für literarische Leckerbissen, die wie Thriller fesseln, gibt es in Spanien seit Jahren nur noch einen Namen – Arturo Pérez-Reverte.